MICHEL DUPUIS

Orar 15 dias com
Edith Stein

EDITORA
SANTUÁRIO

Direção editorial:
Pe. Fábio Evaristo R. Silva, C.Ss.R.

Revisão:
Ana Lúcia de Castro Leite

Coordenação editorial:
Ana Lúcia de Castro Leite

Diagramação e Capa:
Junior dos Santos

Tradução:
Iraquitan de Oliveira Caminha

Título original: *Prier 15 jours avec Edith Stein*
© Nouvelle Cité, 2016
Domaine d'Arny
91680 Bruyères-le-Châtel
ISBN 9782853138123

ISBN 978-85-369-0505-1

1ª impressão

Todos os direitos em língua portuguesa
reservados à **EDITORA SANTUÁRIO** – 2017

Rua Padre Claro Monteiro, 342 – 12570-000 – Aparecida-SP
Tel.: 12 3104-2000 – Televendas: 0800 16 00 04
www.editorasantuario.com.br
vendas@editorasantuario.com.br

NOTA DO TRADUTOR

É com imensa alegria que realizamos a tarefa de traduzir o texto *Orar 15 dias com Edith Stein,* de Michel Dupuis. Seu trabalho é uma verdadeira fenomenologia da oração. Ele descreve a experiência de passar 15 dias em oração com uma mulher sábia, que une inquietude filosófica e vida espiritual com Deus. Não estamos falando de orar para Edith Stein como mediadora entre nós e Deus. Jesus disse: "Eu sou o caminho a verdade e a vida. Ninguém vem ao Pai senão por mim". Nesse sentido, a Santa mulher é uma referência para nossa vida espiritual. Edith Stein – Santa Teresa-Benedita da Cruz – serve de farol para aqueles que desejam estar mais perto de Deus. É desse modo que podemos orar com ela.

Não é apenas sua obra que é inspiradora e nos faz pensar. Toda a sua vida é uma escola de aprendizagem, que nos oferece ensinamentos preciosos, fundados em seu estilo de viver. Ela superou a misoginia e o antissemitismo, tão presentes em seu caminho, para nos ofertar reflexões preciosas sobre a vida humana. Ela fez de sua sede de verdade a oração de sua vida. Deixando-se trabalhar pelo Espírito de Deus, ela se fez sábia, juntando oração e pensamento.

Orar, que é conversar com Deus, não significa se afastar do mundo. Muito pelo contrário, é fazer o céu descer à terra e elevar a terra ao céu. Deus cuida de nós e quer nos fazer cuidadores de nós mesmos e dos outros. Nesse sentido, cada vez que ofertamos água para um pequenino sedento, estamos dando água ao próprio Deus.

A oração nos permite uma relação de amor com Deus, que é ele mesmo o Amor. Deus é amor. Edith Stein fala de uma identidade radical entre Deus e amor. O amor é uma pessoa. Logo, Deus se relaciona conosco. A oração é canal de comunicação e não uma fala solitária ou introspectiva. Deus, cuja essência é o amor, é acima de tudo comunicativo. Pela oração entramos em contato direto com o Amor. Deus, aquele que nos amou primeiro, faz-nos compreender que sendo amados um dia amaremos.

Orar é realizar uma abertura para o Outro. Nessa abertura nos encontramos com a Verdade. Aquele que busca a verdade de todo o coração e de toda a razão a encontrará. Essa é a tarefa do filósofo que ama a verdade, bem como daquele que ora.

A verdade possui vida, que se revela por meio de uma relação instaurada. Ela é doação. Por essa razão, ela espera atenção, recepção, acolhimento. Deus é absolutamente pessoa e nos faz integralmente pessoa por meio da oração. A oração nos renova e nos possibilita uma vida plena de esperança. A alma humana é acima de tudo abertura para o outro. Isso procede de sua relação com Deus.

Quem tem olhos para ver, veja; quem tem ouvidos para ouvir, ouça. Somente pela oração podemos ver e ouvir de maneira espiritual. Edith Stein nos ensina que a oração transforma nossas vidas em vidas extraordinárias. Por meio da oração, podemos ver o invisível e ouvir o silêncio. Nessa perspectiva, sabedoria e santidade encontram uma fusão indestrutível.

Seguindo os passos de Michel Dupuis nas trilhas de Edith Stein, a Igreja, o Corpo de Cristo, não deve apenas orar se dirigindo a Deus, mas tornar-se oração. Fazer da vida uma oração, eis o verdadeiro caminho da intimidade com o Senhor. A Igreja-oração possibilita uma intimidade não apenas com Deus, mas com todos os irmãos.

Iraquitan de Oliveira Caminha

INTRODUÇÃO

O nome, o rosto, o personagem de Edith Stein são atualmente bem conhecidos por todos. Ultimamente, encontramos tantos livros que contam a vida dessa extraordinária mulher, cujo destino trágico é, verdadeiramente, emblemático para seu tempo. Certamente, a qualidade e os objetivos dessa abundante – e recente – literatura são bastante variáveis, e há muitas razões para isso. Em seguida, Edith Stein vivia tão perto de nós no tempo, exigindo um verdadeiro trabalho de crítica história e filosófica, mesmo que pareça incomodar sua comunhão espiritual. As fontes históricas, os documentos originais, os eventos são de difícil acesso; muitas vezes nos levam a fazer suposições. As obras de Edith Stein são, frequentemente, de uma leitura árdua, e, em seguida, é preciso reconhecer que, no caso desse personagem que a atualidade nos trouxe em primeira mão, faz com que a seriedade científica, por vezes, sofra de um excesso de entusiasmo espiritual. No entanto, Edith Stein tem uma voz, um tom, um estilo muito característico, e que não requer nenhum "suplemento" de qualquer tipo e de nenhum embelezamento. Pelo contrário, essa voz, bastante singular, merece ser ouvida em sua clareza e também em suas arestas. Pode-se dizer que a leitura dos textos de Edith Stein é exigente. Sua maneira de escrever e de pensar – e até mesmo orar – corresponde a uma visão sutil das coisas humanas e das coisas de Deus. Orar com Edith Stein é colocar-se humildemente em sua escola, e com ela redescobrir as maravilhas do trabalho de Deus.

Edith Stein viveu tanta coisa! Mulher, filósofa, professora, religiosa... Ao longo de sua carreira intelectual e de sua vida religiosa, ela considerou uma variedade de questões tão diversas, por vezes, com uma complexidade filosófica formidável. Alguns de seus textos são pequenas pérolas de pura contemplação. Outros são mais pedagógicos: eles dão alguns conselhos amigáveis, encorajamentos e com uma rica correspondência, cheia de entusiasmo e vida. Mas o que é notável, para além de todos esses aspectos particulares e circunstanciais, é uma voz, um tom, sempre em estilo reconhecível, que testemunham uma personalidade profundamente unificada em seus vários talentos. Devemos insistir na unidade do que foi – do que será para sempre – Edith Stein, caso contrário, cairemos em dificuldades e contradições. Podemos dizer que Edith Stein foi prodigiosamente, milagrosamente, *uma*: em suas convicções e sua fé – em uma palavra: na fidelidade às suas raízes e ao seu futuro. Esta unidade vital e lealdade são certamente parte de sua santidade.

Edith Stein sempre procurou um conhecimento *radical* da realidade, e, portanto, muito mais do que um conhecimento puramente científico. Isto é, para ela, a ciência é obviamente necessária, mas particularmente a psicologia sempre a interessou muito. No início do século XX, a psicologia científica estava em seu início muito promissor. Edith Stein pensou até mesmo em consagrar sua vida à ciência, mas graças, notadamente, ao seu mestre em filosofia, Edmund Husserl, o "inventor" da fenomenologia, ela percebeu claramente que o conhecimento científico, objetivo, quantitativo, por mais importante que fosse, pressupõe e deixa de lado muitos aspectos do real. Então, num momento em que, por exemplo, os primeiros resultados da psicofisiologia dão esperança para as descobertas fundamentais sobre o sistema nervoso e o "pensamento" humano (e isso nos leva a todos os grandes debates contemporâneos da neurociência), Edith Stein estava persuadida que a questão da realidade do ser humano não consegue encontrar uma simples resposta científica, mesmo que seja muito sofisticada. A psicologia chama a filosofia. E isso é a verdade para todas as disciplinas científicas.

Essa é, então, a verdade, toda a verdade, que busca Edith Stein. E o caminho da conquista ou descoberta é, principalmente, um sólido caminho intelectual, implacável, teimoso – o caminho de uma mulher que se engaja em um ambiente, em grande parte, dominado pelos homens, seus iguais, seus rivais, mas também seus mestres. Sabemos agora que a carreira acadêmica de Edith Stein sofreu "detalhes" deste gênero: misoginia e antissemitismo estiveram presentes em seu caminho que, sem dúvida, era o de se esperar. Mas ela escolheu a direção de sua vida: é o projeto de Deus sobre ela, projeto ou caminho que ela descobriu gradualmente e cada vez mais claramente. Rejeitada (como muitos outros – nós pensamos na figura do filósofo G. Siewerth também deposto) pelos construtores da universidade alemã, essa pedra viva servirá para outros edifícios...

Recorremos a uma palavra de Edith Stein, sobre si mesma e sua paixão pela filosofia: "A sede de verdade era a minha única oração". Compreendemos isso como uma confidência de uma filósofa caminhando em direção da verdade, e não como a declaração de uma profissional ligada ao seu trabalho. A sede de verdade nos atinge quase como um ferimento num ser humano animado por um desejo ardente; um ser que é afetado por esse mesmo fogo, cuja razão e cujo coração estão totalmente atraídos para esse objeto único. No século XVII, outro filósofo, que compartilha muito em comum (filosófica e espiritualmente) com Edith Stein, disse algo, cujos ecos são muito semelhantes. Nicolas Malebranche, discípulo livre de Descartes, e às vezes de Bérulle, repete várias vezes uma fórmula verdadeiramente extraordinária e rica: "Atenção é a oração natural da alma". A convergência é óbvia: em qualquer coisa humana, esse movimento de inteligência ou razão, na atenção, no interesse da verdade, ocorre algo divino. Antes de qualquer religião, antes de qualquer pensamento religioso (e especialmente confessional), no coração da vida mais elementar da inteligência humana, o Espírito está trabalhando. Ouvi-lo até o fim: que se trate de mirar e acertar o alvo num raciocínio ou durante uma caça que irá alimentar a família, que se trate de encontrar a verdade numa situação cotidiana ou numa proposição científica, o homem, sua razão, sua inteligência, sua perspicácia são trabalhados a partir do interior, atraídos por um movimento vigoroso, enérgico, em direção a um "objeto" que nos chama e ao qual devemos responder. Essa atenção, essa pesquisa sedenta da verdade, é uma oração "natural", simplesmente humana que poderíamos dizer, sem dúvida, inconscientemente dirigida para o Espírito – discreta, o que mantém seu segredo –, para o Outro por excelência, em que tudo é verdade e vida.

Nós também temos sede de verdade? Nós podemos oferecer nossa atenção como uma oração? Nós que queremos pedir ao Espírito para continuar seu trabalho em nós? Será que nós desejamos sabedoria? Eis, em todo caso, algumas questões que nos colocam no itinerário filosófico e espiritual de Edith Stein. Eis algumas questões limites colocadas ao longo do caminho que nós podemos propor em sua companhia, considerando seu ritmo e seu estilo. Tudo isso para nos juntarmos a ela, se queremos uma boa experiência de risco com esta mulher de nosso tempo, filha de seu povo e do martírio de sua época. Essa mulher que ora e pensa como uma livre criança de Deus, que reconhece o trabalho do Espírito não só na razão humana, mas também nas obras de arte, nos poemas ou nas exaltações místicas. Porque a infância não é a negação da filosofia, é, sobretudo, busca da felicidade: Edith Stein também é fundamentalmente felicidade de pensar desde que o Espírito seja um: espírito de sabedoria, espírito de inteligência, espírito de amor, espírito de alegria.

Então, antes de iniciar nossa caminhada com Edith Stein, vamos redescobrir essa intuição ou sensação de infância, que nos chega também pelos textos mais antigos das Escrituras. Sejamos atentos: sintamos juntos o "regozijo" dessa alegria? Esse frisson de felicidade, essa cosquinha que Platão também havia notado e que encontrou a plenitude de seu significado na fé? "Eu me regozijarei muito no Senhor..." (Is 61,10). Nesses minúsculos movimentos que os autores sagrados são notados, encontramos a própria natureza, que acreditávamos que estaria muda, em sua profunda unidade – natureza animada pelo Espírito, e que recebe dele a graça para expressar sua gratidão... Sem nenhuma dúvida, a santidade das mulheres nos ensina a alegria da concepção – em todos os sentidos do termo.

DADOS BIOGRÁFICOS

Nascida em Breslau, na Silésia, em 12 de outubro de 1891, no dia da festa do Yom Kippur, Edith foi a décima primeira filha e a última a nascer na família Stein. Quatro pequenos morreram na infância, por isso é uma grande família de sete filhos, alimentados por meio do comércio de madeira, rentável, mas ameaçado. Assim, em 1893, em Siegfried, quando o pai morre inesperadamente, a situação familiar torna-se mais difícil e é Augusta, mãe forte e convencida, judia profundamente crente, que assume a gestão do comércio. Edith cresceu em idade e sabedoria, mas não necessariamente numa sabedoria tranquila e tradicional, que geralmente é esperada pelos parentes: ela é uma boa aluna, apaixonada pelas coisas do espírito, ela se dirige em direção para a psicologia e filosofia; ela procura a verdade, sem preconceitos e sem coerção religiosa.

De Breslau a Göttingen, ela progride em seus estudos universitários, que são interrompidos alguns meses em 1915, porque ela se sentiu, conscientemente, obrigada a prestar assistência aos soldados feridos e àqueles que sofrem por causa da guerra. A partir desse momento, a vida de Edith Stein segue uma determinação e uma força incomum de caráter, associada à necessidade de reflexão racional, à inteligência e à necessidade de ações concretas em favor dos pobres. Em 1915, tratava-se de feridos; mais tarde, tratava-se de mulheres marginalizadas e pouco consideradas na sociedade da época.

Aprendiz de filosofia, feminista engajada e generosa, Edith Stein chega à Universidade de Fribourg e obtém o doutorado em filosofia sob a orientação de Husserl. Mais uma vez, sua tese consagrada à empatia – isto é, a possível compreensão da vida pessoal dos outros – manifesta a dupla perspectiva da análise filosófica e do concreto. Durante vários meses, ela trabalhou como assistente de Husserl e preparou para a publicação alguns dos principais escritos do mestre.

Para Edith Stein, a razão crítica e o sentido do concreto não se opõem, não importa o que pensemos. Progredir em um é avançar sobre o outro. Edith Stein anda no caminho da verdade, porque a verdade possui um caminho: isto significa que a verdade se dá a descobrir gradualmente, porque para o espírito dos homens, pelo menos, a verdade é sempre complexa, fragmentada. É certo que a verdade é diversificada, permanecendo fundamentalmente uma. No movimento de seu desvelamento, há simultaneamente uma presença e ausência, uma doação e uma falta. Em outras palavras, a verdade é revelada em uma busca humilde, em um desejo que não pode ser dogmático – isto é, saciado e pleno.

Edith Stein vivia uma vida intelectual muito intensa: sua determinação para a verdade, suas leituras (incluindo textos autobiográficos de Santa Teresa de Ávila), seus amigos, sua reflexão pessoal sempre viva – tudo isso a levou à conversão ao catolicismo. Decisão difícil para essa jovem mulher, judia, alemã, muito ligada à sua família e especialmente à sua mãe. Ela foi batizada em 1º de janeiro de 1922. Uma observação interessante para registrar: sua madrinha, a filósofa Hedwige Conrad-Martius, que desempenhou um grande papel na abertura de Edith para a fé, era protestante. Edith Stein pensou imediatamente em entrar no Carmelo. A partir desse momento, a espiritualidade teresiana impregnou profundamente todo o seu pensamento religioso e filosófico, misturando-se às intuições fenomenológicas e, posteriormente, às escolásticas. Mas foi a vontade de Deus que ela escolheu, ao invés de seus desejos, mesmo os mais puros... Ela só entrará no Carmelo em 1933, após longos anos de um trabalho colossal de uma intelectual renomada e professora dos dominicanos de Spire e, em seguida, mais brevemente, de Münster.

Mantivemos muitos textos que refletem esse período de intensa atividade: conferências, cursos, correspondência, traduções do Inglês e do latim, várias obras. Esses documentos revelam também a profundidade espiritual de Edith Stein, às vezes em relação ao mundo (que ela esclarece) e a Deus (que ela procura incansavelmente). Outros temas importantes são desenvolvidos: a identidade da mulher, em particular, atraiu a atenção de Edith Stein, de um ponto de vista tanto metafísico, espiritual como sociológico. No dia 15 de abril de 1934, no Carmelo de Colônia, Edith Stein adotou o nome de irmã Teresa--Benedita da Cruz. Fez sua profissão solene em abril de 1938, mas a partir de dezembro de 1938, os acontecimentos políticos a obrigaram a deixar a Alemanha para se juntar ao Carmelo de Echt, na Holanda. A pressão é cada vez mais forte. Claramente, Edith Stein não quer submeter-se ao controle nazista.

Com sua irmã Rosa, ela foi presa em 2 de agosto de 1942 pela Gestapo. O comboio que as levou para Auschwitz atravessou toda a sua cidade natal de Breslau. Edith e Rosa Stein morreram em uma câmara de gás em 9 de agosto. Edith Stein desaparece para nossos olhos, mas também se torna mais presente do que nunca.

Os especialistas reconheceram muito cedo o alto valor da filósofa e da intelectual. Os arquivos de Edith Stein foram constituídos logo depois da guerra e começaram a editar as Obras Completas em alemão. O público francês descobriu vários textos dela nos anos cinquenta. Mas é o reconhecimento, por parte da Igreja, da figura espiritual de Edith Stein, judia, cristã e mártir, sua beatificação, em 1987, e canonização, em 1998, que renovaram o interesse por seu pensamento. A edição francesa de suas principais obras está para ser publicada.

Primeiro dia

ENTRAR NA MORADA INTERIOR

Nossa Santa Maria Teresa afirma que existe sem dúvida um estado singular, ou mesmo patológico, segundo o qual ninguém conhece sua própria casa. Mas, na verdade, muitas almas estão "tão doentes, tão acostumadas a se ocupar com as coisas externas... que parece impossível se voltar para si mesmas". Desse modo, desaprendem a orar. É porque a primeira residência onde alcançamos a porta da oração é a morada do conhecimento de si. Conhecimento de Deus e conhecimento de si se apoiam mutuamente. Pelo conhecimento de si nos aproximamos de Deus. Esse conhecimento de si nunca é inútil, mesmo que já tenhamos alcançado nossas casas interiores. Por outro lado, "nunca iremos alcançar o conhecimento de si perfeito se não aprendermos a conhecer a Deus" (*L'être fini et l'être éternel*, p. 426).

Cada alma, um templo do Espírito: isso abre uma nova e profunda perspectiva. A maneira de orar de Jesus [...] deve nos dar a chave de compreensão da oração da Igreja [...]. O Cristo participou como seu povo ao serviço divino oficial (o que é comumente Chamado de "liturgia") [...]. Mas Jesus não participava apenas das solenidades. Os Evangelhos falam, muito frequentemente, em oração solitária no silêncio da noite, afastado na montanha, no deserto, longe dos homens. Quarenta dias e quarenta noites de oração precederam a ação pública de Jesus (*La Prière de l'Église*, p. 39-40).

O primeiro gesto de oração, antes da primeira palavra ou pensamento, é este: fechar os olhos, pôr-se afastado pelo menos em espírito, manter-se ali unicamente por Deus, livre das coisas e das pessoas. Essa necessidade de voltar-se para si, proclamamos desde os tempos imemoriais. Desde sempre, sem dúvida, o homem tornou-se homem, sentiu este chamado de parar e deixar o mundo exterior e escutar o interior. Nós somos humanos e podemos reconhecer, mesmo que seja trivial ou muito concreto: O interior é primeiramente o mundo das vísceras, das necessidades e dos desejos, porém entre os ruídos e os gorgolejos que nos afetam também do interior, nós discernimos outra coisa, e talvez alguém. Os filósofos têm dito, bem como os mestres espirituais. Afinal, quando Sócrates, o Grego, percebe a voz de seu "demônio" profundamente dentro de si mesmo;

ele ouve um verdadeiro envio missionário, que é o mesmo caminho do cristão Augustinho ou de Pascal, ou ainda de Teresa: é em si, no mais profundo de si mesmo, que se encontra a fonte da oração e da meditação religiosa, bem como a fonte da filosofia.

Isso é um verdadeiro ponto de mudança: seria preciso aceitar desviar os olhos dos assuntos cotidianos, incluindo as maravilhas da Natureza, das belas coisas humanas: os vales, as ferramentas, as obras, as estrelas, a música... e arriscar-se mergulhar em si mesmo, aventurando-se para encontrar a desordem, "a mistura não realizada", sua prova verdadeira da criatura em caminho, do pecador... E, portanto, se eu fizer isso, serei chamado de obscuro. Eu não procuro fugir do mundo, eu não quero me refugiar em minha pequena fortaleza – quando os tempos são muito difíceis –, pelo contrário, é sim uma falta de coragem que eu não me enquadro mais em mim mesmo. Ao ouvir o chamado para fazer silêncio, eu certamente não obedeço à lei da facilidade.

E, portanto, não sou eu que dou o primeiro passo. Esse negócio um pouco arriscado, esse movimento de volta para o interior de si mesmo, como diz Santa Teresa, já é uma resposta e estou bem certo: eu não parto somente em direção a mim mesmo, o Espírito me chama, O Espírito me guia, Deus me aguarda. No oco de mim mesmo, "no mais íntimo de mim mesmo", diz Santo Agostinho, Ele está lá, em mim e para mim. E eu me descubro "pré-ocupado", mas em um novo sentido: O Outro está em mim, ele me habita e me sustenta. Eu acreditava estar longe dele e de mim, perdido de vista, esquecido de um e de outro – e não em tudo: Deus está aqui, atencioso, paciente, insistente.

Edith Stein é uma filósofa: ela aprendeu com seus professores a importância do retorno sobre si mesmo, quando se pretende fazer filosofia. Seu mestre Husserl também "inventou" uma filosofia, a fenomenologia, que requer esse encontro consigo mesmo, a fonte de abertura para o mundo e para o conhecimento. A filosofia que ela praticava estava bem preparada para compreender os conselhos de Santa Teresa: em todas as áreas é preciso tomar as coisas pela raiz. Isto é tão verdadeiro para a vida religiosa e espiritual. A ação pública de Jesus foi alimentada por seu diálogo solitário com o Pai: os mais próximos foram atingidos e registraram o fato em várias ocasiões. O próprio Jesus explica. Nesse sentido, a oração coletiva, tão bela e forte, que constrói a presença do ressuscitado entre os membros da comunidade e que também é, igualmente, o fruto – essa oração coletiva pressupõe a oração pessoal, íntima e até mesmo secreta.

A oração "sacerdotal" de Jesus é a oportunidade única de "penetrar longamente e profundamente o secreto" do diálogo de Jesus com seu Pai, observa Edith Stein (*La Prière de l'Église*, p. 41). Esse é o exemplo por excelência do "método" divino: em silêncio, em segredo, em diálogo solitário com Deus, a alma se abre para a vontade divina e recebe a força e os meios para alcançar "os grandes eventos na história da Igreja, renovando a face da terra" (ibid., p. 45). É claro que a aparente ruptura com o mundo exterior e com os outros não é uma fuga ou rejeição. Esse é um distanciamento ou, mais precisamente, um posicionamento em perspectiva: um com o Pai, Jesus ora para seus irmãos. Ele se junta ao ponto de vista que funda todo ponto de vista, aquele do Pai, criador dos irmãos e das coisas.

Isto é o que finalmente é saudável e normal, e é a fuga incessante para o exterior que é patológico. Edith Stein está convencida pela experiência de Santa Teresa e por sua própria experiência: tantas pessoas passam suas vidas "fora de si mesmas", ignorantes e surdas, insensíveis ao chamado, alérgicas ou talvez aterrorizadas pela ideia de descobrir quem elas realmente são. Mas se isso é assim, vemos a relação entre a perda da oração, a aridez espiritual, e a fuga desenfreada, a embriaguez nas coisas externas ou nas ocupações, o ativismo e talvez mesmo a toxicomania, entendida aqui em sentido amplo...

Maria, templo do Espírito, mantém em seu coração cada palavra do Pai e cada palavra do Filho. Ela é o modelo de tantos homens e mulheres que escolhem a conversão interior, a renovação da vida interior para seguir o Senhor e, com ele, ir ao encontro dos pobres, dos desorientados, dos perdidos, de todos aqueles que, precisamente, estão "fora de si", asfixiados na superfície de uma ninharia de vida.

Edith Stein descobre, graças a Teresa de Ávila, essa vocação de nunca estar sozinha: nunca estamos sós quando procuramos amar. Voltar para si mesmo, aceitar se conhecer, colocar-se à escuta, balbuciar algumas palavras, posicionar-se diante de Deus... A oração "solitária" é tudo menos solitária: é a via real para fazer a verdadeira comunidade, a solidariedade profunda com toda a Humanidade. Edith Stein se descobre vocacionada à oração que irá salvar muitas almas prometidas à infelicidade e ansiedade.

* * *

"Tu, ao contrário, quando fores rezar, entra em teu quarto, fecha a porta e reza a teu Pai em segredo, e teu Pai, que conhece todo segredo, te dará a recompensa" (Mt 6,6).

Segundo dia

A ESCOLHA DE DEUS

No primeiro domingo de setembro [1933], eu estava sozinha em casa com a minha mãe. Ela estava sentada perto da janela fazendo tricô, eu estava perto dela. A questão que me martelava veio de repente: "Que farei eu com as irmãs em Colônia?". "Ter uma vida compartilhada". Seguiu-se, então, um gesto de rejeição desesperado. Minha mãe continuava seu trabalho. Seu novelo emaranhava, sua mão trêmula tentava endireitar-se; eu a ajudava enquanto a conversa continuava. Desde então, a paz desapareceu. Um peso tomava conta de toda a casa.

[...] Isso foi ainda pior quando minha irmã Else veio de Hamburgo para o aniversário de minha mãe. Enquanto minha mãe comigo se controlava a maior parte do tempo, tornou-se muito agitada durante a conversa com Else. Minha irmã me contou todo o seu desabafo, pensando que eu não conhecia o humor da alma de minha mãe. Grandes preocupações financeiras também pesaram sobre a família. O comércio estava muito ruim por muito tempo.

[...] Eu tinha de caminhar não na escuridão total da fé. Tenho pensado muitas vezes durante essas semanas: qual de nós vai entrar em colapso, a minha mãe ou eu? Mas nós havíamos sustentado todas as duas até o último dia.

[...] Meu trem estava saindo cedo, em torno de 8 horas.

[...] Nós nos reencontramos para o café da manhã. Minha mãe tentou tomar alguma coisa, mas logo largou a xícara e começou a chorar como na noite anterior. Voltei para ela e a segurei em meus braços até a hora de partir. Fiz um gesto para Erna tomar meu lugar. Eu coloquei meu chapéu e casaco na sala ao lado. Então veio a despedida. Minha mãe me tomou em seus braços e beijou-me com muito carinho. Saí rapidamente. Rosa e Else me seguiram. Quando o bonde passou diante de nossa casa, não havia ninguém na janela ainda – como de costume – um último sinal de despedida ("Comment je suis venue au Carmel de Cologne; 4ᵉ dimanche de l'Avent, 18.XII.38" in *Le Secret de la croix*, p. 96-100).

Edith Stein não se esqueceu de nenhum detalhe da cena: a mãe de oitenta e quatro anos lutando com uma energia louca para não perder sua filha – não perder duas vezes: fora da casa, fora da religião. Um mal-entendido, certamente, e também o escândalo: enquanto a situação da família judaica se tornava, cada dia, mais delicada durante a pressão nazista, que se manifestava cada vez mais na vida cotidiana; os negócios iam muito mal: o comércio de madeira em perigo, a casa da família tornou-se demasiadamente grande e não se encontrava ninguém para comprá-la. E este foi o momento escolhido por Edith Stein para anunciar sua decisão de entrar no Carmelo! As explosões de sofrimento e de incompreensão alternam com momentos de puro desânimo. A carga sobre toda a casa é um fardo que esmaga os velhos ombros da mãe. Edith está ciente de adicionar tanta dor já assumida pela velha, que acumula um novo sofrimento. É quase uma traição: Edith traiu tudo o que tem sido a força e a coragem de sua mãe durante uma vida de provações, nomeadamente devido à indiferença das crianças que têm mais ou menos abandonado a religião da família. Abandonar ou negligenciar a religião, mas é muito pouco em comparação com a apostasia!

Deixar seu pai e sua mãe... Amar Jesus mais do que eles... Imediatamente, deixando o barco e seu pai, seguiram-no (Mt 4,22) ... Seguir Jesus exige uma firme decisão que atinge as ligações mais sensíveis, mais estreita, no coração mesmo de nossa vida humana. Por que é preciso que o pai deixe o filho e caminhe para seu destino, e que o filho um dia se sinta abandonado pelo pai?

O passo – que é bom para caminhar, para se deslocar onde percebemos o chamado – se faz no escuro... Na total obscuridade de fé, diz Edith Stein. Confissão surpreendente: a fé à luz da cruz é uma fé honesta e verdadeiramente obscura. O sofrimento é verdadeiro: a noite da partida, mesmo estrelada, não envolve qualquer consolo discreto. O corte é verdadeiro.

Reconhecemos o mistério: Deus não quer nem oferta nem sacrifício; Ele nos fez corpo – é que ele nos confiou um ao outro, os corpos de cada um aos corpos dos outros: estes são os nossos próximos, nosso pai e nossa mãe... E nós dizemos: eu venho, e, portanto, eu cortei, é você que eu quero seguir, se pela graça você me chama. É por você que eu deixo tudo de lado, você me diz como fazer com meus projetos, meus parentes, meus próximos. Você me diz como devo fazer e eu reencontro meus projetos em você. Porque foi você quem me deu, na maioria das vezes para cuidar de mim, e tendo perdido tais projetos para você, eu os reencontro como nunca mais perto de mim, sinceramente próximo, verdadeiros ícones de ti – de Ti que não vejo e que eu não posso amar em verdade, em obras e na vida, como no amor do irmão vejo.

Não é isso que acontece no diálogo da Anunciação, que requer disponibilidade e abertura ao projeto de Deus, além dos limites pessoais? Durante anos, Edith Stein recebeu o chamado do Carmelo. Mas as circunstâncias, seus superiores, suas qualidades intelectuais e morais, cuja sociedade tanto precisava, impediram-na de deixar tudo e ir para o silêncio do convento. Ela foi uma conferencista célebre e apreciada, uma professora brilhante, uma intelectual de referência. Mas o possível apareceu lá onde não se poderia esperar: ousaria dizer que o antissemitismo reinante e as leis nazistas sobre a exclusão dos judeus de ocupar posições destacadas seriam a oportunidade de Edith Stein? É na fé que usamos essa palavra, caso contrário, seria insuportável! Forçada a deixar o ensino, ela pôde finalmente jogar o jogo da vontade de Deus sobre ela: se o Carmelo quer, ela virá ao Carmelo. O teste mais difícil foi, provavelmente, a separação dos mal-entendidos, o abandono da mãe... Com Edith Stein, aqueles que querem seguir Jesus carreguem sua própria cruz (e para isso eles devem a reconhecer), sua cruz irredutivelmente particular, pessoal e nova a cada dia.

* * *

"E dizia a todos: 'Se alguém quiser me seguir, renuncie a si mesmo, carregue sua cruz diária e me acompanhe'" (Lc 9,23).

Terceiro dia

ESTAR DIANTE DA FACE DO DEUS VIVO

Nós, que vivemos no Carmelo e invocamos nosso santo pai Elias em nossas orações diárias, sabemos que ele não é para nós uma figura vaga do passado distante. Seu espírito continua agindo no meio de nós por meio de uma tradição viva que deixa marcas em nossa vida [...].

Na primeira palavra que a santa Escritura nos fala sobre nosso santo pai Elias, o essencial é expresso de forma concisa. Ele disse ao idólatra rei Acabe: "Tão certo como vive o Senhor, Deus de Israel, a quem sirvo, nestes anos não haverá orvalho nem chuva, senão por meio da minha palavra" (1Rs 17,1).

Colocar-se diante da Face do Deus vivo, tal é a nossa vocação. A vida do santo profeta nos fornece o modelo. Ele se colocou diante da Face de Deus, porque isto era o tesouro infinito pelo qual ele desistiu de todos os bens terrestres. Ele não tinha casa; ele habitava onde o Senhor lhe designava como sendo seu lugar: na solidão junto ao ribeiro de Querite, na ca-

> sinha da viúva pobre em Sarepta de Sidon ou nas cavernas do Carmelo [...]. Ele é, portanto, para nós, um modelo de pobreza evangélica a partir do qual nos revela a figura autêntica do Salvador. Elias está diante da Face de Deus, porque todo o seu amor é para o Senhor [...]. Ele está diante da Face de Deus como os anjos diante do trono eterno: atento ao menor sinal dele, sempre pronto para servir ("L'histoire et l'esprit du Carmel" in *Source cachée*, p. 215-218).

Como tantos outros, conhecidos e desconhecidos, ouvimos o chamado discreto e, apesar de nossos problemas, nossas alegrias, nossos trabalhos, nossas obrigações, temos respondido: "Sou eu mesmo que tu me chamas? Sou verdadeiramente eu, e você verdadeiramente você? Então, se você me quiser, tudo bem, aqui estou eu..." E nós vamos simplesmente ousar. Nós temos um pequeno risco: saímos por um momento das preocupações da vida cotidiana, voltamos nosso olhar para o interior, nós escolhemos o caminho de Deus e seu desejo. E agora é Deus que chama – sim, era ele –, que nos espera, eis que Deus se mostra e se revela, imenso e muito perto... Ele nos mostra sua face. Porque Deus não é uma voz, forte ou suave, e não apenas uma luz, intensa ou sutil: nosso Deus é um "Deus que se revela". Um Deus que, por sua face, mostra-se a nós, dá-se, expõe-se.

Nós o percebemos imediatamente e muito bem: em face de Deus habita a glória infinita e quase insuportável, e nós aprendemos, no temor e no respeito, a velar nossa face sob pena de um sofrimento extraordinário – quem sou eu em face de ti? – e, no entanto, descobrimos em seguida por meio de Jesus que nosso Deus tem um rosto de Pai: ele lhe chama, ele se doa, ele se expõe. Isso pode ser o começo da revelação: o Deus vivo é um rosto em face do qual eu posso me colocar, longamente ou brevemente, o tempo de uma mudança de olhar ou durante toda a minha vida. Eu posso, se eu desejo e com sua graça, fazer dessa face a única janela de minha morada. Minha vida pode ser apenas isto: permanecer na presença de Deus, em um face a face que depende somente de sua graça e um pouco de sua boa vontade. Como uma criança pequena, sim, mas no amor de seu pai.

Edith Stein descobre, no face a face, o único dever de sua existência, o verdadeiro sentido de sua vida. Desde sua conversão, ela escuta o chamado da face de Deus; na sequência do "Pai Elias" e "Madre Teresa de Ávila", ela libera seu desejo de ficar em face de Deus. Ela encontra profundamente dentro de si mesma a felicidade, o desejo, a certeza de estar em um diálogo contínuo que aprendemos a cuidar, momento a momento, na vigília, como no sono, na dor e fadiga, na emoção e paz. No silêncio, também, ou em algumas palavras, em um sussurro, em um olhar – a oração é tão simples, é pura cumplicidade de amor. Mas o amor não fica dando voltas, de um lado para outro...

O chamado é claro: com o tempo, a graça e a misericórdia vão pouco a pouco revelando quem é Deus: Pai misericordioso, Filho crucificado, Espírito sábio. Isso é também uma missão nova e sem precedentes: é estar lá em seu próprio nome e em nome do mundo. De um para outro, e para os outros...

Chamando a cumplicidade: cumplicidade com Deus, cumplicidade com os homens e com o mundo, mas a cumplicidade cuidadosamente mantida, momento a momento, renovada e purificada, corrigida e retificada. Cumplicidade de amor, porque o amor tudo vê, percebe tudo, ouve tudo; ele compreende o menor movimento no rosto amado, ele está atento ao menor sinal... E também é o verdadeiro serviço para o mundo: Edith Stein ouve os gritos, suspiros, dores, alegrias dos homens, e ela se volta para o Pai, que sabe muito bem do que o mundo precisa. Tudo está incluído nesta oração: as minúsculas pontas das agulhas que ferem os dedos frágeis dos humanos (eles não têm vinho, eles estão inquietos com tantas coisas), prazeres pequenos (tal melodia, tal pequeno prato, este odor), as dores e os sofrimentos crucificantes, a felicidade intensa, a injustiça, o escândalo da criança martirizada, a putrefação dos seres humanos consumidores de seus irmãos e irmãs... Nada está fora da oferta, e sob o olhar do Pai, que contava cada cabelo de cada um de seus filhos – vítimas e algozes – cada coisa recebe seu verdadeiro nome: Cruz e misericórdia.

Esta é minha morada, isso é todo o meu tesouro. Elias só possui como abrigo a face de Deus: não importa aonde Deus o conduza, ele encontra nele e diante dele toda a sua felicidade. Às vezes, é no momento de solidão, na meditação e na oração – sozinho com Deus, face a face. Às vezes, é servindo aos pobres – exclusivamente para Deus, face a face... Aquele que está em Deus permanece neste face a face –: o copo de água oferecido ao pequenino é oferecido a Deus com sede.

Mas a "estação" diante da face é também a estação diante da cruz do Filho: colocado lá, de alguma forma, para nada, por não ser capaz de fazer qualquer coisa, apenas livre para estar em acordo com Deus, fazendo com que a vontade dele fosse feita... É diante do Pai que reconheço toda a minha miséria, meu pecado, meu desejo. É sua misericórdia que me traz de volta para mim mesmo: vejo-me pecador perdoado. Em seguida, é diante do Pai de meus irmãos que eu descobri meu dever para com eles, pois esta é a fonte do agir de Edith Stein – hoje, diríamos de toda ação humanitária. O mais eficaz é o discreto: aquele que permanece próximo do Todo-Poderoso contribui para gerar maravilhas, conquistando para seus irmãos, *chuva* e *orvalho*.

* * *

"Uma só coisa peço a Javé, só isto desejo: morar na casa de Javé todos os dias de minha vida para gozar da suavidade de Javé e contemplar seu santuário" (Sl 27,4).

Quarto dia

A SOLIDARIEDADE COM OS HOMENS

No momento de minha conversão, antes que ela acontecesse, e mesmo muito tempo depois, eu pensava que levar uma vida religiosa significava renunciar a tudo o que é terreno e viver pensando somente nas coisas divinas. Mas, gradualmente, eu aprendi e compreendi que neste mundo é bem ao contrário que se é exigido de nós, pois mesmo na vida mais contemplativa a ligação com o mundo não deve ser rompida. Eu acredito que quanto mais a gente é "atraído" por Deus, mais a gente deve, nesse sentido, "sair de si", isto é, oferecer-se ao mundo, para conduzir-se à vida divina.

Importa somente que a gente possa efetivamente dispor de um canto tranquilo onde seja possível encontrar Deus, como se verdadeiramente nada existisse, e isto diariamente: por esta razão o melhor momento parece ser o nascente, antes de ir trabalhar. Eu acredito, de mais em mais, que é nesse momento que nós recebemos nossa missão particular para uma jornada específica sem escolher qualquer coisa por nós mesmos; e que finalmente podemos considerar nós mesmos como nada além de um instrumento; encontramo-nos assim nas forças com as quais ele nos faz especificamente trabalhar – como, por exemplo, aquilo que nos concerne à inteligência – alguma coisa que nós não vamos usar em nós mesmos, mas pela qual Deus nos usa (*La Puissance de la croix*, p. 47-48).

O texto acima é de uma carta de fevereiro de 1928, dirigida a uma freira dominicana, professora também em Spire, encarregada também da formação de jovens meninas que se destinam, por sua vez, ao ensino. A gente adivinha a cena: os "personagens" são bem próximos de nós: ativos, comprometidos, abertos ao diálogo pedagógico, desafiados pelos problemas de seu tempo, as incertezas da juventude, as diferenças entre as gerações, discrepâncias entre as mentalidades. E depois há também a agenda lotada, talvez o escrúpulo de um apelo sempre colocado um pouco de lado, certa má consciência de não se doar a Deus um pouco de tempo que ele nos demanda a cada dia...

Portanto, de acordo com Edith Stein, as coisas são bastante simples: um pequeno espaço é suficiente, "um canto sossegado" e um bom hábito, todos os dias de manhã...

Mas nesse manual, que pode parecer um pouco ingênuo, Edith Stein pontua uma coisa essencial, que o filósofo conhece bem. Nós, homens e mulheres, vivemos no tempo; nossa existência, quer dizer desejos, nossos projetos, nossos medos, nossas alegrias, nossas lealdades etc., tudo isso se dispõe ao ritmo dos dias e das noites. O criador quis assim: há manhãs e noites lá. Edith Stein sabia e tirava as consequências: nossa relação com Deus se dispõe no tempo e nosso Deus fala conosco no tempo. Manhã após manhã, um momento depois do outro, ele nos confia seu projeto, ele compartilha nossos projetos. Pela manhã, é para a maioria de nós, o momento favorável para refazer o ponto e redefinir nossa disponibilidade para reencontrar, em Deus, nossos irmãos. O amanhã é o presente do começo possível: é assim que os cientistas ainda estão ainda a se perguntar para que, no fundo, serve o sono humano, a prática do amor que nos ensina a virtude da manhã: sair do humilde e necessário entorpecimento, despertar, orientar-se, escolher e começar. Dar sua vida gradualmente na medida de sua mão aberta. Como se a mais bela felicidade fosse o reinício de cada manhã com uma escolha renovada.

A experiência do Pai Elias, no deserto, ensina-nos que a única espera importante é a face do Senhor. Mas a cumplicidade mantida com Deus, em sua disponibilidade a mais livre possível, não termina com uma conversação cortada com os outros homens. Deus, nosso Pai, é um Pai atento, muito mais do que nós somos; o dia com ele é indissoluvelmente ligado ao dia com os homens. Surpreendente circulação do amor verdadeiro: à medida que cresce a intimidade com Deus, aderimos mais ao coração dos homens, suas alegrias e suas dores mais escondidas, menos óbvias, mais profundas. Como Elias é enviado por Deus para a viúva pobre que não tem nada para ela ou para seu filho, mas, milagrosamente, acabará por alimentar Elias, seu filho e ela mesma. Aquele que está diante de Deus é, mais cedo ou mais tarde, enviado, fisicamente ou espiritualmente, para estar com os pobres de toda espécie: pobres de pão, pobres de fé, pobres de amor, pobres de bondade, e misteriosamente, esses pobres, fisicamente ou espiritualmente conhecidos e servidos, tornam-se capazes de alimentar aqueles que chegam até eles: troca milagrosa do amor que circula entre os homens aos olhos de Deus.

Edith Stein compreendeu gradualmente como o amor circula, qual é seu circuito ou seu movimento, e ela descobre essa dimensão essencial da oração da Igreja: diante de Deus, nós somos sempre só, único e junto. A grande família da humanidade está sempre ao lado do irmão ou da irmã em oração; sempre levamos nossos próximos conosco para o Carmelo, diante da face de Deus; e quando nos entregamos na meditação da manhã, só para Deus, entendemos nossa *missão peculiar*, o serviço particular que outros precisam hoje.

Como Teresa de Ávila e sua visão do inferno, Edith Stein via o inferno nas tribulações do mundo desorientado, entregue aos políticos sectários e racistas. Face à ascensão do nazismo em seu país, ela sentiu em sua própria carne a injustiça dos olhares partidários, a crueldade bem próxima. Ela também conhecia o desespero e a inquietude, a descristianização e a perda das intuições simples da vida evangélica... Ela tinha o pressentimento que havia chegado a hora dos mártires, como se a partir de agora – e por quanto tempo? – a Escritura santa somente se deixasse transcrever no sangue daqueles que devem mostrar o caminho... Na água dos Antigos, no vinho da festa: eles encontram sua significação sublime, mas o tempo presente é a do sangue da cruz, a estrela amarela. Porém devemos nos lembrar de que ninguém é completamente justo, e que a diferença é aquela que distingue, pelo menos uma vez, o bom e os maus ladrões:

A fonte do Coração do Cordeiro não secou. Nós podemos lavar ainda hoje nossas roupas lá como o ladrão o fez uma vez no Gólgota. Confiante no poder de expiação desta fonte santa, caímos de joelhos diante do trono do Cordeiro, que nos responde a pergunta: "Senhor, para quem iremos? Tu tens as palavras da vida eterna" (Jo 6,68). Vamos tocar nas fontes de salvação para nós e para o mundo que está morrendo de sede ("Les noces de l'Agneau" in *Source cachée*, p. 266-267).

* * *

"Pai, quero que lá onde eu estiver, estejam também comigo aqueles que me destes, para que contemplem minha glória que me destes, porque me amastes antes da criação do mundo" (Jo 17,24).

Quinto dia

DAR FORMA À SUA VIDA

A livre formação ou autoconstituição não são apenas uma formação do corpo, mas também – e mesmo principalmente – a formação da alma propriamente dita. O homem é uma pessoa espiritual, porque ele se posiciona livremente não somente em relação ao seu corpo, mas também em relação à sua alma, e na medida em que ele tem poder sobre sua alma ele também tem poder sobre seu corpo [...]. Para que esta constituição seja uma constituição livre e não um evento involuntário como a constituição do animal pelo jogo de seu desenvolvimento natural, é preciso que a alma possa ter sobre ela mesma algum conhecimento e que ela possa tomar uma posição em relação a si mesma. A alma deve alcançar ela mesma um duplo sentido: conhecer-se e tornar-se o que deveria ser (L'Être fini et l'être éternel, tradução modificada, p. 425-426).

Toda alma humana é criada por Deus, cada uma recebe dele uma marca que a distingue de todas as outras: é precisamente sua individualidade, tão marcante com suas qualidades humanas e femininas, que é desenvolvida pelo valor da formação que recebe. Sua vocação é, antecipadamente, inscrita em sua peculiaridade pessoal, cujo florescer deve ser considerado como um dos propósitos essenciais da educação (La femme et as destinée, p. 67).

Nossa filosofia tem uma elevada visão da existência humana, criada por Deus. Poder-se-ia acreditar que o criador teria "constituído" o homem como outras criaturas, dando-lhe matéria e forma – um pouco como o oleiro que amassa o barro e lhe dá forma... A imagem é bela, e ela exprime muito bem a liberdade e a imaginação de Deus-artista, e depois também nossa finitude, nossa fragilidade "como vaso de barro...". No entanto, essa imagem muito sugestiva não é inteiramente precisa porque ela subestima "nossa imagem e semelhança" com o criador. O homem é criado livre, isto é capaz de amar, e de alguma forma, o homem é criado de maneira "inacabada". Tornamo-nos nós mesmos. Os antigos filósofos diziam – e Marguerite Yourcenar vai lembrar-se na *L'OEuvre au noir* – que Deus nos criou "sem forma", para que possamos dar a nós mesmos forma a nossas vidas. Esta é nossa liberdade e nossa responsabilidade. Edith Stein chama isso de autoconstituição de existência.

É filosoficamente muito complexo, mas é existencialmente muito claro: eu sou o que me tornei, pelo jogo das circunstâncias (minhas origens genéticas, sociais e familiares, as pessoas que cuidaram de mim e a maneira como elas cuidaram etc.), mas também em virtude de minhas escolhas. Pode-se dizer que minha vida é tanto "biológica" (as restrições) como "biográfica" (a invenção). Dito de outra forma, eu pertenço ao mesmo tempo ao registro da natureza e ao significado, e é nessa mistura de determinação e invenção que eu escrevo minha história, a única história de minha vida.

Se esses conceitos filosóficos aproximam-se suficientemente da realidade, devemos ser capazes de compreender algo da vida cotidiana e da vida espiritual. Para Edith Stein, a vida humana é um conjunto de elementos que fazem a história, que fazem sentido e que são próprios do domínio do espírito, ao contrário do reino da pura causalidade, que encontramos no mundo da Natureza. Compreende-se que em todas as suas obras, Edith Stein descreve a existência humana como um local de construção, um campo de possibilidades, um projeto que deve "dar uma forma", como no caso de uma obra de arte. Para explicar a seus ouvintes e a seus estudantes essa coisa que é muito concreta, a filósofa recorre frequentemente ao exemplo dos santos, cuja vida é um modelo de "formação" para cada um.

Essas vidas de santos, que lembramos frequentemente como belas histórias, um conto de fadas ou trágicas, dependendo do caso, não são simples objetos de memória. Na medida em que elas são verdadeiramente o lugar da obra do Espírito, devemos conhecer essas vidas, relê-las, "revivê-las" a nossa maneira, vivendo nossa própria vida pessoal, que é única, mas que está por ser "feita".

> Porque o Espírito é vivo, ele não morre. Lá onde um dia ele entrou em ação, modelando as vidas e as criações humanas, ele não deixa atrás dele as memórias sem vida, mas ele está presente por um modo de ser misterioso, como uma chama coberta e bem oculta, que queima vivamente de uma única vez, irradiando e propagando o fogo a partir do sopro vivo, que o caracteriza e lhe dá vida. É o olhar penetrante e pleno de amor do pesquisador que descobre nas memórias do passado esta faísca escondida, que é o sopro que dá a vida e produz a chama. As almas que se abrem para sua ação são a matéria que queimam e se tornam poder de modelar, que ajuda a controlar e a dar forma a vida ("De l'art de donner forme à sa vie dans l'esprit de sainte Elisabeth", In *Source cachée,* p. 81).

Edith Stein retornará repetidas vezes sobre o modelo de santa Elisabeth da Hungria (1207-1233), cuja vida às vezes trágica, pitoresca, cheia de reviravoltas como os romances medievais, revela, sobretudo, um centro, um coração, um eixo. Ainda enquanto filósofa e em alta espiritualidade, Edith Stein vê por trás dos fatos externos, mais ou menos românticos, o essencial. "Todos os fatos relatados sobre Elisabeth, todas as palavras que nós conservamos dela nos revelam uma única coisa: um coração ardente, que abraça todos os que se aproximam com um amor profundo, terno e fiel" (ibid., p. 85). Os eventos traem ou revelam uma vontade, um projeto.

O trabalho pedagógico, o dever do educador, a responsabilidade fraterna para conduzir, ao máximo possível, o outro em sua própria e completa realidade, nós sabemos o quanto Edith Stein pensou em tudo isso durante sua educação, particularmente, em Spire. É um fato antropológico, se quiserem, que minha realidade somente se cumpre no tempo, no jogo com meus semelhantes e com as circunstâncias. Mas é crucial para o advento de mim para mim mesmo, que eu saiba o que eu quero e o que eu significo: em outras palavras, que o projeto de minha existência se ajuste com a minha mais íntima possibilidade de ser.

A questão mais urgente para cada homem é saber o que nós somos, o que devemos ser e como nós podemos alcançar o que nós devemos ser. Mas também é de particular importância para o educador e para o especialista em pedagogia. Educar significa conduzir seres humanos para que eles se tornem o que deveriam ser. Nós não podemos fazer isso se você não sabe o que é o homem e como ele é, para onde ele deve ser conduzido e quais são as vias possíveis para isto (*Der Aufbau der menschlichen Pessoa* [*La constitution de la personne humaine*], p. 195).

* * *

"Irmãos, não penso que eu já tenha alcançado o prêmio e só uma coisa me interessa: esquecendo-me do que fica para trás, vou em frente, lançando-me com todo o empenho, e corro para a meta para conseguir o prêmio que Deus nos convida a receber lá em cima em Cristo Jesus. Nós, pelo contrário, somos cidadãos do céu, de onde ardentemente esperamos como Salvador o Senhor Jesus Cristo. Ele vai transfigurar nosso pobre corpo para conformá-lo a seu corpo glorioso, em virtude do poder que tem de sujeitar a si todo o universo" (Fl 3,13.14,20-21).

Sexto dia

AMOR EM PESSOA

Para amar, devemos ser pessoas. Mas parece-nos que o ser-pessoa e o amor não coincidem. Em todo caso, não somos o nosso amor. Nosso amor é talvez o nosso ser mais essencial. Mas com a gente, amar e ser simplesmente não coincidem. Pelo contrário, Deus é amor. Isso não está nele como "parte de sua essência", pois sua essência não tem partes. Quando Deus se doa, é seu amor que é dado, e, portanto, o próprio amor é uma pessoa. Porque Deus para amar não pode ser uma pessoa única, é claro que a essência do amor é se dirigir em direção à outra pessoa (O amor de si tem um outro sentido) ("Dimanche de Pentecôte. La Personne du Saint-Esprit, 9.VI.35" in *Le Secret de la croix*, p. 29-30).

A filosofia de Edith Stein foi sempre uma filosofia da pessoa e de sua complexidade. Mas esta constatação não é uma simples observação histórica da filosofia... Porque o verdadeiro desenvolvimento de uma filosofia da pessoa, seguindo, assim, o caminho antropológico, Edith Stein juntou-se a um mistério fundamental da nossa fé: Deus é pessoal, e nós, os humanos, somos pessoas. Isso no fundo parece simples, óbvio, acabado. Mas, se olharmos mais de perto, descobriremos que a realidade em que vivemos é mais sutil, menos perfeita – em suma, inacabada. Certamente, nós somos pessoas, mas sem ser completamente. Já, e ainda não... Tantas coisas em mim são "pessoais", no sentido em que as vejo plenamente, fisicamente e espiritualmente, concretamente, em função de um projeto de vida. Mas tantas coisas, grandes ou pequenas, físicas ou mentais, são apenas "coisificadas", como dizem os filósofos, e não aquilo que é da ordem do pessoal. Não verdadeiramente assumidas, vividas, quer dizer, reconhecidas, aceitas... Podemos chamá-lo do velho homem em mim, ou da parte do pecado, ou a ainda, simplesmente, da natureza... Se alguém preferir, vamos falar de automatismo, de hábito, de temperamento ou caráter... O que importa! Eu sou chamado a ser uma pessoa, eu já sou pessoa, mas não sou ainda completamente. Assim, nós, homens e mulheres, nos *tornamos* pessoas. E o mistério está entreaberto: a coisa mais evidente e mais simples – nós somos pessoas – isso revela uma profundidade que nos causa vertigem.

Ser uma pessoa é a condição do amor, mas é, antes de tudo, o fruto. Eu não me torno uma pessoa só por mim. Deus e os que me acompanham na vida (meus parentes, meu cônjuge, meus filhos, minha família, meus vizinhos, meus colegas, os "outros", em geral) existem para alguma coisa.

Deus nos espera como pessoas, e ele confia a nós nos "formarmos", reciprocamente, uns aos outros. Ele nos ensina a "personalizar" uns aos outros. Compreende-se que para amar, é preciso ser uma pessoa. E ainda melhor que basta abrir os olhos – com um pouco de simplicidade e frescor, é verdade – para ver tantas pistas, tantos anúncios, tantas imagens desta tensão do amor. Que um animal possa nos "amar", quem iria contestar? Nós nos entendemos bem com as palavras. A experiência simples revela que o mundo e a natureza contêm, entre seus cataclismas, suas catástrofes, seus tremores, movimentos de amor, mas esses movimentos são mal esboçados, tanto na espera como nos sinais de apelo: a pessoa é necessária – mas não uma: ela não existe como única pessoa – precisamos de pessoas para que haja amor.

A partir disso, aprendemos distinções importantes: há muito amor que se tem, mas, o importante, é o amor que a gente é. O amor é na maioria das vezes uma atitude, um comportamento, e até mesmo uma qualidade. Ele está do lado das coisas que fazemos, e mesmo com dedicação e espírito de sacrifício. Este amor tem custos, e os esforços que definem seu preço, por vezes, formam-nos como pessoas "merecedoras". Edith Stein pensa que, em termos filosóficos: na maioria das vezes, o amor é um "acidente" ou uma qualidade particular daquilo que nós consideramos como nosso ser ou nossa substância. Então, como a maçã pode ser verde ou vermelha, isso depende às vezes sermos bons, às vezes piores, às vezes atrozes... Tudo isso depende das circunstâncias, de nossas tendências, do temperamento, da vontade, do esforço... Talvez até mesmo da graça de Deus... Há muita verdade nessa visão, Edith Stein sabe, perfeitamente, disso.

Se nossos corações conhecem a intermitência da bondade é que nossos corações humanos ainda não são totalmente reduzidos a si mesmos e a Deus. Isso porque Edith Stein escreve, filosoficamente, em preto e branco nosso ser, nossa substância, nossa "essência", que é o amor. E é, em última análise, um aspecto do mistério do mal na criação que não pode ser totalmente, integralmente, nós mesmos, e que nós nos perdemos ainda, em muitos casos, fora do que se está sendo, e por isso no nada do mal, do não amor. Somente

Deus é completo, integralmente ele é amor e, correlativamente, somente ele é totalmente pessoa, quer dizer totalmente singular e plural, "um-em-comunidade". Talvez seja nisso que podemos perceber o mistério do amor em pessoa: esse mistério de unidade e diversidade, que faz um com o outro e nunca um sem o outro. Tornar-se a si mesmo é tornar-se outro, e se essa última formulação não significa uma invasão ou uma alienação do outro ("Eu faço minha parte"!!!), eu me torno eu mesmo me perdendo para tornar-me outro, no amor do outro, no amor que permite que o outro se torne menos incompleto nele mesmo. Mas eu preciso, também, do mesmo desejo para mim da parte do outro...

Não é mais uma teoria do indivíduo que deve tornar-se autônomo, autossuficiente e, se possível, generoso com os outros. Temos uma visão de interdependência essencial da humanidade. Os seres humanos são pessoas: isto significa, para nós, que Deus confia uns aos outros, uns com os outros. Toda a filosofia de Edith Stein abraça e procura estabelecer racionalmente e espiritualmente: o ser pessoa, que é ser único-em-comunidade. Cada um de nós é chamado a tornar-se totalmente a si mesmo por meio da química paradoxal do amor. Podemos dizer a mesma coisa com uma piscadela: o amor é meu único nome verdadeiro – o único que me diz e me chama – "Meu nome é Pessoa...".

* * *

"Fostes vós que criastes minhas entranhas e me tecestes no seio de minha mãe. Dou-vos graças porque me fizestes maravilhoso; estupendas são vossas obras, bem o sei. Eu era um simples embrião, e vossos olhos me viram. Como são profundos para mim vossos pensamentos, como é grande seu número, ó Deus! (Sl 139[138],13-14.16a-17).

Sétimo dia

BONDADE E VERDADE

Verdade e misericórdia se encontraram na obra da Redenção. Elas são um em Deus. O horror do pecado e do poder das trevas tornou-se manifesto no sofrimento e na morte de Jesus. Nós não perecemos, mas foi por causa de suas feridas que fomos sarados, de seu abandono que fomos reconduzidos ao Pai. Por sua morte, nós ganhamos a vida; tudo isso é misericórdia. Portanto, a verdade é a misericordiosa e a misericórdia é a verdade (*Le Secret de la croix*, p. 73).

O pensamento de que a misericórdia de Deus pode ser limitada às fronteiras da Igreja visível sempre foi estranho. Deus é a verdade. Quem procura a verdade, procura Deus, que ele seja consciente ou não (*La Puissance de la croix*, p. 55).

Quantos homens sofreram por culpa de outros homens – em nome da verdade... Quanto integrismo, fundamentalismo, intolerância em nome da verdade. Não deveríamos excluir essa noção de nossos diálogos, nossas conversas amigáveis, nossas reconciliações – não falamos mais a verdade? Ou é necessário descobrir, na própria verdade, algo novo, que é da ordem do amor, da paciência, da tolerância – da ordem da bondade que não é fraqueza ou covardia?

Edith Stein estudou permanentemente a filosofia, porque ela é a busca pela verdade. E foi ainda em nome da verdade que ela continuou seus estudos até o nível de doutorado: uma coisa notável para uma mulher jovem de sua época. Em nome de sua consciência moral, sentimento patriótico e humanitário, ela interrompeu seus estudos para cuidar de soldados feridos. Somente depois, ela retomou a filosofia, a ciência, a universidade e seu desejo de fazer uma carreira acadêmica. Quando se lê atentamente as obras de Edith Stein, percebe-se a força de uma intelectual brilhante, mas também a intensidade de uma paixão, um coração e uma vida entregue à verdade. Apesar das dificuldades, especialmente apesar do fato de que seus colegas do sexo masculino reconhecerem muito pouco suas qualidades e lhe negaram um cargo de professora universitária, mas a determinação de Edith Stein permanece intacta: a jovem mulher é fiel a esta vocação de buscar a verdade, independentemente das condições de seu trabalho e de seu ensino.

convencida e bondosa, por sua colega, que foi sua madrinha de batismo, e que era protestante engajada e, concretamente, envolvida na prática da fé evangélica, e depois, por ela mesma, que escolheu a fé católica... Será que a verdade passou para bem longe, indo para um segundo plano? Certamente que não! Mas inteiramente filósofa e grande espiritualista, Edith Stein acreditava que a verdade só pertence a Deus, de quem – felizmente chega até nós! – nada é impossível. E no dia de sua profissão de fé religiosa, ela sentiu claramente a presença espiritual de sua mãe a seu lado.

Essas dores das verdades não compartilhadas são apenas coisas acessórias, que poderíamos talvez superá-las por uma espécie de consenso universal... Há uma ligação misteriosa entre a verdade e o sofrimento: não seria apenas porque nosso olhar tropeça imediatamente sobre o mal, e muitas vezes a verdade custa caro – para fazer e dizer... Mais do que ninguém, Edith Stein se apossou dessa ligação misteriosa que abriu espaço para a misericórdia. Misericórdia é uma mistura sutil de verdade, às vezes crua – meu pecado, meu erro, minha negligência, minha pequenez, minha vaidade... – e da bondade desta verdade. O primeiro dom do perdão é o da verdade dada, ofertada.

Bondade e misericórdia de Deus: Edith Stein está perto da "grande" Teresa, tanto que ela pensava que o livro de sua vida poderia ser intitulado *O Livro das misericórdias de Deus*. Em última análise, a única verdade é a do amor da bondade. A verdade do que sou me aproximando do coração de meu Deus. Edith Stein encontra nesse momento a intuição mais pura da "pequena" Teresa. Um dia, quando ela teve de dar algumas explicações a partir do ponto de vista geral que ela adotou – e que pode ser bastante estimado como "sobrenatural" – em suas reflexões sobre as profissões de fé femininas, Edith Stein escreveu assim: "É somente no fundo uma pequena, uma simples verdade que eu quero dizer: como a gente pode começar a viver nas mãos do Senhor" (Lettre du 28 de avril 1931 in *Selbstbildnis in Briefen. Erster Teil 1916- 1933*, p. 177). Todo o resto (da verdade, das verdades numerosas sobre todas as realidades, inclusive religiosas) está relacionado a este núcleo universal, esta verdade infantil, que ensina o bom e o verdadeiro na experiência de total confiança no Pai.

* * *

Minha alma no pó está prostrada; dai-me vida conforme vossa palavra. Meus caminhos vos expus e me respondestes; ensinai-me vossos decretos. Correrei pelo caminho de vossos mandamentos, porque dilatastes meu coração (Sl 119[118],25-26.32).

Oitavo dia

A CIÊNCIA DA CRUZ

[T]udo aquilo que nós designamos simbolicamente com o nome de cruz, todos os espinhos e sofrimentos da vida fazem parte da mensagem da cruz. Graça a tudo isto, nós podemos adquirir, efetivamente, o mais profundo conhecimento da cruz (*La Science de la croix*, p. 24).

Nunca o coração do homem penetrou numa noite tão escura como aquela do Homem Deus no Getsêmani e sobre o Gólgota. Não é dado ao espírito investigador dos homens o poder de sondar o mistério impenetrável do abandono divino do Homem Deus na Cruz (*La Science de la croix*, p. 29).

Entrar nesta casa como uma postulante, eu já estava trazendo meu nome de religiosa. Eu o obtive exatamente como eu o solicitava. Por meio da cruz, compreendi o destino do povo de Deus que já começava outrora a se anunciar.

Eu pensava que aqueles que entendem o que é a cruz de Cristo deveriam em nome de todos carregá-la. Certamente, eu sei mais agora do que nunca o que significa ser casada com o Senhor no sinal da cruz. Todavia, a configuração completa nunca alcançará seu êxito porque é um mistério (*Lettre citée in La Puissance de croix*, p. 123).

Edith Stein tomou o nome de Teresa Benedita da Cruz... Teresa para a espiritualidade carmelita, Benedita para a vida monástica, e a Cruz... Com uma sagacidade espiritual sem precedentes, ela vai se apegar a uma ligação íntima entre o amor da cruz e o amor à sabedoria. Ela reconheceu cedo que há de fato uma "ciência" da cruz – não um conhecimento ou um saber intelectual, uma disciplina ou uma especialidade..., mas uma sabedoria, uma visão. Quem ama até morrer e se dá por amor conhece o último segredo das coisas.

É o tema favorito de seu mestre João da Cruz, a espiritualidade carmelita, ao qual Edith Stein dedicou sua última obra, deixada inacabada. O trabalho inacabado, devido às circunstâncias que sabemos, é altamente simbólico. *La Science de la croix* é um livro extraordinário de diálogo e de meditação com João da Cruz, e bastante intenso, que continua além do papel, escrito e refletido na vida concreta, no último caminho da cruz concreta que conduz Edith Stein da prisão para a execução. É verdade que o tema da cruz, essencial na vida espiritual da Irmã Teresa Benedita, aparece já no início de sua vida enquanto jovem mulher. O acontecimento vivido foi repetidamente dito por ela e por suas numerosas biografias. Vamos retomá-lo para, portanto, "reviver", por nossa conta.

Estamos em 1917. Edith é uma jovem filósofa, forte e frágil ao mesmo tempo, livre, orgulhosa e determinada; ela convivia com amigos, cujas ideias são muito diversas e, particularmente, alguns deles mais próximo que acompanhavam suas convicções sem questioná-la ou impedi-la de ter suas próprias ideias. Esta é a guerra que vivemos, tocamos no sentido profundo de pátria, honra e humanidade. Edith Stein é uma verdadeira cidadã. E um dos mais próximos, o mais promissor e talvez o mais cobiçado, desaparece: Adolf Reinach, assistente comprovado por Husserl, foi morto na frente dela. Edith é responsável por colocar em ordem seus trabalhos científicos. Ela temeu a intensificação da dor no momento de ficar cara a cara com a esposa de Reinach, e isso é outra coisa que ela percebia: na dor extrema da esposa, também existiam esperança e paz:

> Esse foi o meu primeiro encontro com a Cruz e a força divina que se comunica com aqueles que a carregam. Pela primeira vez, eu vi, diante de mim, uma forma palpável: a Igre-

ja nascida da paixão redentora de Cristo, sua vitória sobre o aguilhão da morte. Este foi o momento em que minha incredulidade foi despedaçada e Cristo brilhou, o Cristo do mistério da Cruz (*La Puissance de la croix*, p. 116).

A experiência vivida nessa situação particular, que dizia respeito à outra pessoa, pode ser expandida. É certo que é a sabedoria que nos ensina a reconhecer a paixão e a cruz de Cristo em nossas provações, grande e pequena, cotidiana, habitual ou não familiar. Reconhecer, identificar a cruz, e até mesmo nomeá-las: cruz de meus defeitos, cruz de meus pecados, cruz do peso de si e dos outros, cruz da doença, dos mal-entendidos, da incerteza, do medo, da angústia, do escrúpulo, da imperícia... Cruz tantas vezes ignorada ou rejeitada, e que espera somente o olhar do amor para que todo esse sofrimento, inútil, escandaloso e absurdo posa misteriosamente transformar em estreito amor e salvação. Porque a cruz verdadeiramente precisa de mim, ela necessita de meu amor para liberar o que ela esconde. A cruz continua sendo um mistério duplamente escandaloso: em seu absurdo que eu possa reconhecer e em sua fecundidade que eu posso liberar.

Essas diversas cruzes são pessoais e coletivas: Edith Stein compreendeu rapidamente que podia aceitar compartilhar aquelas que incidem sobre seu povo, e logo ela reconhece a situação limite inaugurada por Cristo, abandonado por todos incluindo seu Pai. Citando extensivamente João da Cruz, em seu último livro e enquanto a guerra durou, ela escreveu:

> Cristo é o nosso caminho. Tudo se resume em saber como devemos conduzir-nos para imitar seu exemplo [...]. "É óbvio que no momento de sua morte, ele foi completamente abandonado e naufragado em sua alma. Seu pai deixou-o de fato sem nenhum consolo e sem qualquer alívio em uma seca extrema, ele também não deixou de exclamar: 'Meu Deus, meu Deus, por que me abandonaste?' (Mt 27,46). É verdade que foi o maior abandono e o mais sensível que ele jamais sentiu em sua vida. Mas, em seguida, ele também opera a maior obra de sua vida, aquela que superou todos os milagres e maravilhas que ele tinha feito: a reconciliação do gênero humano e de sua união com Deus pela graça. E este trabalho foi realizado ao mesmo tempo e ao momento em que o Senhor foi completamente aniquilado em tudo..." (*La Science de la croix*, p. 68).

E retomando a história da vida de João da Cruz, preso, torturado por pessoas da Igreja, ele acrescenta como uma visão de seu próprio destino, realizado alguns meses mais tarde:

> Ser entregue sem defesa contra a maldade dos perversos inimigos, torturado no corpo e na alma, separado de toda consolação humana e mesmo das fontes de força que são os sacramentos da Igreja, ele precisava ainda ter a mais dura escola da cruz? (*La Science de la croix*, p. 28).

O mal realmente existe, mesmo que seja um puro nada. A realidade do não amor impõe seu jugo sobre os ombros dos homens, jugo de tal peso que muitos se perdem, afogados pelo sofrimento e insensatez. A questão não é sair por uma pirueta intelectual mais hábil, nem por um "sono dogmático" que teria sucesso, por um tempo, para apagar a sagacidade das coisas do mal. O abandono vivido é verdade. A dor vivida é verdade. O desespero vivido é verdadeiro. Mas é verdade também o amor, mais forte do que a morte, mas talvez mais frágil do que a vida comum, que consegue oferecer sentido a esse abandono, essa dor, essa desesperança. O poder de Deus é muito diferente de nossas imagens humanas. Ele acompanha o caminho dos homens "sendo salvos" e compartilha de seus calvários. Nosso Pai, que sonda os rins e os corações, que contou nossos cabelos, que sabe do que precisamos, nosso Pai conhece cada uma das estações de nossos caminhos da cruz. Quando nós o vermos face a face, compreenderemos de que compaixão ele sofreu conosco e qual o poder de vida deste amor compartilhado e ofertado?

* * *

"A linguagem da cruz é loucura para os que se perdem, mas para os que se salvam, isto é, para nós, é poder de Deus" (1Cor 1,18).

Nono dia

MARIA, A MORADA DE DEUS

A Santa Escritura não diz, mas não há dúvida de que a Mãe de Deus era presente. Certamente, ela veio como de costume a Jerusalém para a festa da Páscoa e celebrou a refeição pascal com todo o grupo que seguiu Jesus. Ela guardou todas as palavras de Jesus em seu coração – o quanto ela acolheu seu discurso de despedida [...]. Ela compreendeu o significado místico do lava-pés, aquele que se aproxima da santa refeição deve ser completamente puro. Mas somente sua graça pode dar essa pureza. Sua santa comunhão, minha Mãe! Ela não era como um retorno àquela unidade indescritível, quando tu o alimentavas de tua carne e de teu sangue? Mas agora é Ele quem te alimenta. Tu não vês nesta hora o corpo místico inteiramente diante de ti, aquele que deve se desenvolver por meio desta santa refeição? Não que tu recebas agora como Mãe, e amanhã ao pé da Cruz ele será remido? [...] Ó Mãe, ensina-nos a receber o corpo do Senhor como tu o recebeste ("10 a 21.IV.38, Retraite de préparation aux saints voeux perpétuels J + M" in *Le Secret de la croix,* p. 66-67).

Durante seu retiro em preparação para os votos perpétuos, que incluiu a Semana Santa, Edith Stein realizava algumas reflexões que revelavam uma espontaneidade surpreendente e familiaridade simples com Maria. Na paz de oração, Edith Stein deixava sua imaginação correr. Em uma espécie de pressentimento dos mistérios reservados por Deus para sua mãe, Edith Stein descrevia algumas cenas inesperadas, prováveis sem dúvida, mas cuja escrita não guardou nenhum registro. Assim, no pesado silêncio do Sábado Santo, ou algumas horas antes, durante a última cena...

Na mulher, na jovem mulher ardente, apaixonada e engajada – notadamente do lado das feministas da época – na filha de seu povo e de sua família – sempre sob o olhar de sua mãe, que representa para ela um modelo de grande estatura – na mulher madura, encarregada de ensinar jovens meninas, na intelectual e na filósofa, Edith Stein refletiu e escreveu bastante sobre a situação das mulheres em geral. Ela procurou compreender racionalmente a condição profunda – aquilo que ela chamou de natureza feminina – da mulher. Antes de muitas outras mulheres filósofas que vão questionar por sua vez sobre o "segundo sexo", Edith Stein analisa a essência metafísica da pessoa, o ser humano criado por Deus de acordo com a gramática de ambos os sexos. Para além das contradições sociológicas, históricas psicológicas, ela tenta reconhecer a marca do criador – isto é, no fundo, o projeto ou visão de Deus. Porque para Edith Stein, a mulher encarna verdadeiramente uma "ideia" de Deus sobre a humanidade. Alguns vão achar esta filosofia "feminista" um pouco tradicional, um pouco antiquada... Mas pensando à maneira de Edith Stein: a única coisa que importa é que cada pessoa, homem ou mulher, adulto ou criança, trabalhador manual ou intelectual, possa realizar nele mesmo o projeto de Deus sobre ele, nele e através dele sobre o mundo. A partir daí, vamos ver uma especificidade feminina: uma maneira de ser singular... A questão nunca será de uma superioridade ou de uma inferioridade – enquanto Edith Stein ela mesma sofreu com isso – mas sim uma irredutível tonalidade, uma cor específica, um estilo único, que enriquece a criação desejada por Deus, una e múltipla, em uma rica diversidade.

Dentro dessa estrutura de pensamento, Maria, a primeira criatura, aparece em toda a sua beleza única – singular e compartilhada, mais ou menos, para cada mulher. Ela é a mãe, a morada de Deus e dos homens. Ela é simples, elementar em seu amor concreto: ela tem o sentido profundo das pequenas coisas, minúsculas, mas nunca mesquinhas, como o pão ou vinho. Ela é discreta em sua atenção: ela guarda em seu coração o que ela usava nela: ela compreende antes dos outros, sem dúvida, mas em silêncio. Ela misteriosamente captura cada palavra, cada evento, como uma luz que vem de dentro, e pode sugerir coisas para fazer, uma palavra para dizer. O silêncio ou o sussurro de Maria são guias valiosos, uma fonte fiel e abundante, a bússola que a conduziu para os pobres e nos ensina a alimentá-los, a cuidá-los.

Toda entregue a Deus, ela é toda doação aos homens e ela os encoraja a se aproximar de Deus, simplesmente como crianças famintas e sorridentes, pequenas crianças que jogam muito, correm muito, e que explodem de rir, pedindo água. É Maria que nos revela a imensidão dessas pequenas coisas. Ela é nosso modelo de Humanidade, isto é, nosso modelo para nós mulheres, que nos leva a todo o nosso desenvolvimento, e nosso modelo para nós homens, que nos conduz também a nossa realização.

> Se Maria é a imagem original de pura feminilidade, a imitação de Maria deve ser a meta de educação para meninas [...]. A imitação de Maria não é diferente da imitação de

Cristo: pela simples razão de que Maria foi a primeira a imitar a Cristo, foi a primeira e a mais perfeita representação de Cristo. É pela mesma razão que a imitação de Maria não é apenas tarefa das mulheres, mas é dever de todos os cristãos. Para as mulheres, no entanto, esta via é particularmente preciosa, porque as conduz para uma imagem de Cristo que é específica para sua feminilidade (*La femme et sa destinée*, p. 66).

Ela é nosso modelo de Humanidade renovado por Cristo: Maria, o tabernáculo de Deus, é o elo que não podia perder a conexão entre o criador e a criação. Discreta, ele não desempenha um papel secundário, ela é a mãe... – qualquer que seja o peso e a violência das tradições masculinas (incluindo as das Igrejas)... *A mulher desempenha um papel essencial na maternidade sobrenatural da Igreja* (ibid., p. 126), Edith Stein a recupera e a envia. Toda mulher é um símbolo da Igreja, mas Maria é *o símbolo perfeito da Igreja*. Além disso, ela é *o órgão único da Igreja, aquela que serviu para formar o corpo místico, mas também sua cabeça* (ibid., p. 128).

Esse é o lugar onde Maria nos ensina a Eucaristia e nos guia para o jantar de casamento. Nele, em sua dor no pé da cruz, ela é a mãe da Igreja: aquela que une em nome de seu Filho, aquela que une porque ela perdeu tudo. Vazio, a mãe de Deus...

Falta, ainda, a felicidade de ser uma mulher, o júbilo e, mais uma vez, a emoção: *a mulher parece estar em um nível mais elevado do que o homem, capaz de experimentar a alegria respeitosa diante das criaturas* (ibid., p. 170-171).

* * *

"Meu coração exulta em Javé, minha fortaleza em Javé se exalta; abre-se minha boca contra meus inimigos, porque me alegro com tua salvação" (1Sm 2,1).

"Alegrem-se, porém, todos os que em vós confiam; exultem para sempre porque vós os protegeis; e em vós se rejubilem os que amam vosso nome" (Sl 5,12).

"Disse então Maria: 'Minha alma engradece o Senhor e meu espírito se alegra em Deus, meu Salvador'" (Lc 1,46-47).

Décimo dia

O ESPÍRITO DE SABEDORIA

Quem és tu, luz suave que me inundou e ilumina a escuridão de meu coração? Tu me conduzes pela mão como uma mãe, e se tu me deixares, eu não saberia dar um só um passo adiante. Tu és o espaço que rodeia meu ser e o guarda nele. Abandonado de ti, eu cairia no abismo do nada, de onde somente tu podes me levar para a luz.

Tu, mais perto de mim do que eu de mim mesmo, mais dentro de meu ser mais íntimo e ainda indescritível, inédito. Superando todo nome: Espírito Santo – amor eterno ("Neuvaine de Pentecôte 1937" in *Le Secret de la croix*, p. 45).

O homem é chamado a viver em seu interior mais profundo e, a partir de lá, poder assumir a condução de sua vida; é apenas a partir de lá onde a verdadeira discussão, no sentido pleno e etimológico da palavra, torna-se possível com o mundo. É somente a partir daí que o homem pode descobrir o lugar atribuído a ele no mundo. No entanto, o homem nunca pode penetrar completamente em sua mais profunda intimidade. Este é um segredo de Deus, que

> somente Ele é capaz de revelar na medida em que Ele se agrade (*La Science de la croix*, p. 179).
>
> No fundo, a alma em sua essência é abertura para as profundezas. Quando eu vivi nesses lugares – no chão de seu ser, onde precisamente é sua casa e seu lugar – sobre o terreno de seu ser, onde é precisamente sua morada e seu lugar – ele vislumbra alguma coisa do sentido mesmo de seu ser e sente que sua força se apropriou de todos os seus componentes individuais. E se ele pode viver a partir daí, sua vida será plena e ele vai chegar ao cume de seu ser (*La Puissance de la Croix*, p. 60).

A mulher, que escreveu essa oração e reflexão, recebeu o talento da filosofia: ela percebeu a partir de Santo Agostinho, que ela cita, as profundezas da alma e da inteligência humana, suas possíveis vitórias, mas também suas noites e obscuridades. Mas nesta verdadeira mistura de riqueza e pobreza, ela percebe, sobretudo, uma presença serena e esclarecedora, abrindo os olhos como uma carícia, que se abre para a verdade, mas na doçura do amor.

É a extraordinária discrição, a genuína purificação de nosso Deus na pessoa do Espírito, que dá a ver algo diferente de si mesmo, como a luz invisível banha as coisas e as oferece ao olhar. Quando ele medita sobre os acontecimentos de sua vida, sobre a história de sua travessia, Santo Agostinho descobre no fundo de si mesmo uma voz, um espírito e ele descobre o fio condutor de sua vida, como a história de um encontro com Deus, esperado há muito tempo com tentativas e recusas, mas sempre com a obstinação de seu Deus, desejoso de encontrá-lo. Da mesma forma, Edith Stein, avivada e filósofa, vive sua vida, trabalhando, procurando com coragem e exaustão, interrogar, contemplar, analisar as coisas, as situações, as pessoas, e chega a hora em que ela descobre aquilo que ela carrega dentro dela, ou melhor: aquilo que a sustenta do interior.

Cada um de nós é chamado a crescer, a se desdobrar: esta não é apenas uma lei da natureza, que faz com que a árvore se estenda para além de cada um de seus ramos, mas um apelo do Criador às suas criaturas. Eis então sua glória e sua felicidade – nossa felicidade e, se alguém quiser dizer assim, nossa glória enquanto crianças de Deus.

Glória dos filhos! É paradoxal: como eu me descobri a mim mesmo em minha capacidade, em meus poderes e, em minhas limitações também, eu descobri dentro de mim um espírito de sabedoria – que eu não sou sábio – um espírito de força – que eu não sou forte – um espírito de fantasia – que eu não sorrio facilmente... Alguém que me guarda, me sustenta, me faz continuar. À medida que eu avanço na vida, que eu ponho um passo após o outro no caminho, por vezes íngremes, encontro-me focado e apoiado por um amor concreto, preciso, atento como aquele de minha mãe, sólido e reconfortante como de meu pai. O amor de Deus em pessoa, o Espírito.

Então, em minha vida concreta, a inteligência encontra suas raízes mais profundas e seu sentido mais essencial: na medida em que Deus o quer, eu sou chamado para compreender as coisas, as pessoas, as situações. A luz da razão penetra no escuro, nos labirintos internos, nas ambiguidades da vida e dos relacionamentos, por isso o sim sempre misturado ao não, o ainda já misturado com já... Então, a filosofia, tão preciosa para Edith Stein, torna-se novamente tarefa para todos nós: ela já não é mais a disciplina austera e às vezes veemente, reservada para uns poucos que têm uma palavra fácil ou olhar particularmente afiado. A filosofia encontra sua cumplicidade com a simples felicidade da sabedoria, aqueles que amam e que, amando, penetra nas aparências e nas falsas aparências. A filosofia torna-se o estilo de vida daqueles que, educados ou não, falantes ou, vivendo nas profundezas de si mesmos, encontram no íntimo de seu coração este princípio de unidade: toda essa diversidade de coisas, mais ou menos reduzidas, é bom para eles, mas tudo concorre para o bem no amor de Deus.

Vivendo desse modo, torno-me alguém segundo o plano divino, e eu sou o meu próprio caminho único que atravessa o de todos os outros e que, ao mesmo tempo, leva consigo todos eles para a única meta. É a geometria do amor, em que cada ponto chama todos os outros, em que cada um torna-se a si mesmo em pleno florescimento, em que cada um torna-se a si mesmo no amor dos outros.

Edith Stein, que estudou extensivamente os mecanismos de compreensão da vida dos outros, faz-nos ver na obra do Espírito, o Consolador agindo em nós, de maneira evidente, mas também igualmente agindo por nós: para nossa compreensão, nossa compaixão, ele nos dá a possibilidade de consolar e compartilhar tristezas e alegrias. Essa inteligência do coração que algumas pessoas têm como um "talento" é um dom do Espírito que nos aproxima uns dos outros, que nos oferece uns aos outros em comunhão de irmãos e irmãs do mesmo Pai.

* * *

"Para que o Deus de nosso Senhor Jesus Cristo, o Pai glorioso, vos dê um saber e uma revelação interior com profundo conhecimento dele. Possa ele iluminar os olhos de vossas mentes, para que compreendais a qual esperança sois chamados, qual tesouro é a gloriosa herança destinada a seus santos e quão extraordinário é seu poder em favor de nós que cremos, conforme a eficácia de sua poderosa força" (Ef 1,17-19).

Décimo primeiro dia

A EUCARISTIA

> Tu não estás separado da terra. Tu foste casado com ela para sempre, desde que tu desceste das alturas do céu até a humilhação mais extrema. Tu amaste de fato os teus, bom Pastor, como nunca o coração de qualquer homem amou sobre terra, e tu não deixaste as pequenas crianças órfãs. Tu construíste tua tenda no meio deles, e tuas delícias devem permanecer aqui ("Tabernaculum Dei cum hominibus. 25 de maio de 1937" in *Le secret da la croix*, p. 49).

Edith Stein encontrou na Eucaristia um assunto frequentemente retomado: a sala de estar, a casa, a proximidade. Deus veio e ficou na Terra. A imensidão se alojou em nós. O infinito tomou lugar em nossas paredes. O ilimitado abrigou sob nosso teto. O Transcendente se misturou ao nosso corpo. Esta é, obviamente, uma história de amor: como Cristo poderia deixar aqueles que ele ama segundo o amor de Deus? Nosso Deus não nos deixa: ele nos acompanha até o final dos tempos. Por quê? Porque ele nos ama: Jesus se casou com a Terra permanentemente e ele é fiel mesmo em humilhação: ele fica com ela, ele afunda com ela quando perde o pé, ele não deixa o navio no momento dos naufrágios... Ele disse que permanece conosco todos os dias até o fim, e aquele que ele nos enviou, ele o chamou de "Consolador": ele nos conhece, pobre rebanho, multidão às vezes desesperada em busca de um pastor, órfãs sobre a terra.

Sua longa oração ao Pai testemunha seu amor por nós. O amor de nosso Deus é um amor conjugal e paterno: nós não podemos continuar sozinhos ou órfãos, na terrível e longa espera do encontro. Mas, Senhor, nós não podíamos te prender; apesar de nossa boa vontade, não estava em nosso alcance construir-te uma tenda no monte da transfiguração; depois de se juntar a nós, tinha de ser tu que nos ofertasses e construísses uma tenda entre nós, tu que encontraste felicidade no meio de nós. Tu és o Deus que quer permanecer entre os homens, embora ao que parece, aos olhos da fé pelo menos, o trabalho foi realizado: a redenção está em obra, Deus se dou completamente e plenamente se ofertou e ressuscitou. Permaneceu na História, nos tempos vindouros, segundo a vontade do Pai, que conhece o momento, a estação, a única e verdadeira "grande noite"... Mas os tempos que se aproximam, mesmo com o Consolador, foram provavelmente demais para as frágeis crianças.

Olhando o céu, nossa cabeça corre o risco de tornar-se rígida como os piores dias de incompreensão e de revolta. Mas, tu estás de volta no meio de nós, acima de homens e mulheres, sobre a mesa, como uma palavra que pode ser lida e vivida, como o pão que podemos comer e por meio dele viver: mais "Emmanuel" do que nunca... Como a imaginação de Deus é a medida de seu amor, Tu te fizeste carne da carne dos homens, comida e bebida diária que transformam, metamorfoseiam e deificam a vida, assim a pequena vida do homem torna-se, finalmente, "história sagrada". Tu te lembraste da oração de bênção, uma das mais antigas que, como pequeno judeu, tu havias aprendido. E agora essas bênçãos antigas, reservadas aos produtos da natureza, simplesmente entregues, modestos alimentos diários – pão, vinho, frutas – encontraram na noite da Páscoa um "novo sentido". Na noite do lava-pés, o pão e o vinho à noite, a noite de amor concreto, visível, sensível, é a noite que "verdadeiramente marca o início da vida da Igreja":

Na boca de Cristo, as antigas fórmulas de bênçãos tornam-se palavras que criam vida. Os frutos da terra, transbordando de vida, tornam-se seu corpo e sangue. A criação visível, na qual ele já tinha entrado nela por causa de sua encarnação, é renovada por meio de uma união nova e misteriosa; os elementos necessários para a vida do corpo são substancialmente transformados; eles são acolhidos na fé e homens, por sua vez, são transformados: eles estão imersos na vida de Cristo e cheios de sua vida divina (*La Prière de l'Église*, p. 29).

A transformação eucarística é da ordem de expansão: invadido pelo Espírito, nós nos sentimos menos pressionados por nossas limitações humanas, nossos problemas, nossas alegrias e inquietudes. Aprendemos a sentir pelo outro e para o outro: alegrias, problemas, preocupações. Nós nos tornamos um em Jesus. Este é o milagre da unidade que se produz sem neutralizar nossas diferenças ou apagar aquilo que é de cada um. Irredutivelmente, pela graça de Deus, vamos implantando nossa individualidade no amor. A Eucaristia em nós é o poder de Deus que nos faz viver a vida de Deus, a caridade, a comunhão trinitária.

Viver segundo a Eucaristia significa realmente trazê-la para perto da vida estritamente particular, a fim de crescer até a imensidão da vida de Cristo (*La Puissance de la croix*, p. 87).

A imensidão não é o oceano indiferente às gotículas que o compõem; este não é o lugar de uma regressão vagamente mágica ou o reinado da indistinção. O amor é pessoal. A imensidão de Deus é feita de uma infinidade de lealdades pessoais, uma infinidade de atenções, uma infinidade de doações concedidas a cada criatura. Edith Stein a pressente sem ir até lá ao dizer: na vida eucarística, cada particularidade é devolvida a seu sentido próprio, cada detalhe encontra seu significado, cada pessoa redescobre sua singularidade em Deus.

* * *

"Quem come minha carne e bebe meu sangue permanece em mim e eu nele. Assim como o Pai, que vive, me enviou e eu vivo pelo Pai, assim também quem de mim se alimenta viverá por mim" (Jo 6,56-57).

Décimo segundo dia

A EPIFANIA QUE NOS É CONFIADA

Encontram-se sempre no curso do tempo dos corações humanos aqueles que, como os corações dos primeiros homens, se deixam ser tocados pela radiante claridade de Deus. Escondido dos olhos do mundo, ela os ilumina e os queima, ela amolece o material duro, incrustado e deformado de seus corações e os remodela à imagem de Deus como uma doce mão de artista. Sem o conhecimento de todos os olhos humanos, as pedras vivas são assim formadas, e ainda continuam sendo, antes de ser unidas para a edificação de uma Igreja antes de tudo invisível. Dessa Igreja invisível surgiu e cresceu a Igreja visível por meio de ações e manifestações de Deus sempre novas que projetam para longe seu brilho, epifanias sempre novas ("Vie cachée et épiphanie" in *Source cachée*, p. 243).

Para muitos de nós, e muito naturalmente, o sol brilha ao meio-dia evocando a glória de Deus, e como poderia ser de outra forma quando a criação encontra suas cores neste banho de luz? Uma paisagem de montanhas na neve, e mais recentemente as imagens cósmicas advindas de um satélite, a visão do infinitamente pequeno, o brilho das estrelas...; tudo isso eleva a alma, tudo isso pode falar de Deus. Lembramo-nos de Paulo escrevendo aos Romanos: não é, afinal, a mera honestidade intelectual? O senso comum? A infância da arte da interpretação? Alguém poderia dizer que "Deus salta aos olhos"? E, no entanto... É verdade que a Escritura, assim como nosso coração nos advertem que essa explosão solar, de brancura e calor, que serve para evocar a bondade e a grandeza de Deus não diz tudo. O canto das criaturas concerne apenas à majestade ou ao sublime. O marulhar da água, o desabrochar das gotas de neve, o cheiro do pão cozido... Esta delicada chama, exposta ao vento, cercada por uma obscuridade que incomoda um pouco, como um brilho na distância, de humildes reflexos luminosos, fala-nos também de um Deus fiel, paciente, e até mesmo teimoso, que sempre nos espera lá no meio da noite.

A epifania de Deus é para nós a figura frágil de uma criança de quem se aproximam os humildes e diante de quem se abalam os poderosos. E, então, a epifania de Deus é para nós um pequeno gesto de solidariedade, um movimento de opinião, um protesto coletivo, uma ação humanitária... Em qualquer caso, o aparecimento de Deus não é uma "lição"...

Para Edith Stein, mística e filósofa, carmelita e, a sua maneira, discípula como Santo Agostinho (que tanto cantou a presença de Deus na ordem da criação), a manifestação exterior encontra seu significado – motivo e direção – somente a partir do interior, como a fonte de uma vida secreta e frutífera. A palavra pronunciada nasce do silêncio. O desenho, a imagem, o trabalho vêm à luz no final de uma inspiração que dá forma à ideia. Epifania, que o mundo precisa tanto, exige retiro, internalização de Deus. Epifanias "sempre novas" precisam da novidade permanente do amor guardado em silêncio numa casa modesta. O invisível, mais do que nunca, é a fonte do visível, e somente compreenderão o visível, e poderão vê-lo, aqueles que vivem intensamente esse invisível, aqueles que sentem a retirada misteriosa de luz.

Algumas almas, que nenhum livro de história menciona, têm uma influência decisiva sobre determinados momentos na virada da história universal. Este é o dia em que tudo o que está escondido será revelado, que nós descobriremos também quais são as almas que são responsáveis pelas viradas decisivas de nossa vida pessoal (ibid., p. 244).

Não é em tudo que Deus prefere o mistério ou os enigmas... Não é que devemos ganhar ou merecer a solução... É, simplesmente, que o imenso mistério da liberdade de Deus e homens, infinitamente nos ama o suficiente para deixar entrar, pouco a pouco, a nossa medida, o ritmo de nosso progresso. Entendemos melhor enquanto a humildade fala alto e claro da parte de Deus: ela vai diretamente para a essência de Deus, que é amor, o dom de si. Força, grandeza, majestade, brilho, todas essas qualidades divinas somente terão significados no amor e por nós mesmos poderíamos nos enganar por alguma razão como homens que somos... Nós podemos compreender melhor também que a epifania está sempre se refazendo, uma vez que Deus nunca se mostrou plenamente como um objeto em que poderíamos dar uma volta. Edith Stein se dirige para as irmãs do Carmelo de Echt; ela insiste sobre as escolhas de Deus, pois se trata de escolher bem, de optar por preferir Deus, na medida de seus chamados:

> Para nós igualmente, os Magos têm um significado especial. Mesmo que nós exteriormente já pertencêssemos à Igreja, um desejo interior tem nos empurrado para sair do círculo de ideias e hábitos que herdamos. Nós conhecemos Deus, mas nós sentimos que Ele

deseja se deixar procurar e encontrar de uma maneira nova. É por isso que nós queremos nos tornar disponíveis e que nós desejamos procurar uma estrela que nos diga o caminho a seguir. E a estrela brilhou para nós na graça de nossa vocação. Seguimos e encontramos a Criança Divina (ibid., p. 245-246).

A epifania, paradoxalmente, é confiada a nós, e de muitas maneiras. Deus não se impõe, ele se expõe: é preciso o primeiro passo, ele faz sinal, mas o que é um "acordo" sem assinatura, sem compreensão, sem escuta? A epifania é, primeiramente, a comunicação de Deus comigo mesmo, seu apelo especificamente dirigido a mim, o convite para se juntar a ele em sua novidade infinita e permanente. A partir daí, a epifania de Deus é também o contágio de amor, que não proselitismo. Deus me chama para amar. O amor é comunicativo, mais cedo ou mais tarde quem é amado aprende a amar, por sua vez, simplesmente, ingenuamente por pura felicidade de amar e, em seguida, mais cedo ou mais tarde, o amor revela seu nome e seu rosto.

Pela graça de sua vocação, Edith Stein está convencida de que a manifestação externa vem do coração e não da superfície, do interior e não do exterior, da casa e não da fachada. A epifania está ligada à discrição. O verbo de Deus precisa de um descanso. A epifania é o caso de Maria: o próprio Deus confiou à discrição amorosa, à palavra justa, ao silêncio suficiente para abrigar os "logos"...

* * *

"Disse-lhes ainda: 'Por acaso a lamparina vem para ser posta debaixo da vasilha ou do leito? Não é para ser posta no candeeiro? Pois não há nada oculto que não deva ser descoberto, não há nada escondido que não deva ser revelado'" (Mc 4,21-22).

Décimo terceiro dia

VIDA INTERIOR
E AÇÕES EXTERIORES

É no segredo e no silêncio que é realizada a obra da redenção. No diálogo tranquilo do coração com Deus se formam as pedras vivas que compõem o Reino de Deus; é lá onde são forjados os instrumentos escolhidos para sua edificação [...]. Tendo chegado ao mais alto grau de oração mística, a alma entra na "atividade pacífica da vida divina", que aspira somente a se doar ao ministério pelo qual Deus nos tem chamado [...]. Para os espíritos bem-aventurados que entraram na unidade da vida divina, tudo é um: descanso e atividade, contemplação e ação, silêncio e fala, escuta e comunicação, bem como a oferta de uma receptividade amorosa e de um transbordamento de amor no louvor de gratidão (*La Prière de l'Église*, p. 53-57).

É a vida interior que é o fundamento último: a formação se faz do interior para o exterior. Quanto mais uma alma está profundamente ligada a Deus, mais ela está completamente abandonada à graça, mais forte será sua influência na construção da Igreja (*Source cachée*, p. 244).

Edith Stein conhecia bem o mundo, suas necessidades e suas leis: em 1915, a jovem mulher apaixonada havia interrompido seus estudos para se juntar aos hospitais de campanha; ela comprometeu-se como enfermeira para cuidar dos soldados feridos. Retomando seus estudos, engajou-se no debate filosófico estudando uma série de grandes problemas que também são de grandes causas "humanitárias": o Estado, a pessoa humana, a psicologia científica, mas humana etc. Seu temperamento fez de Edith Stein uma mulher perto de Simone Weil ou Hannah Arendt: como elas, ela foi uma mulher que sofreu injustiça na sociedade e no mundo universitário, completamente dirigidos por homens, mas também uma mulher que avalia lucidamente a profundidade das mudanças necessárias. Neste sentido, Edith Stein é mais do que simples militante, totalmente engajada e ativista. Não que ela seja prudentemente reservada – a força de suas convicções e seu temperamento se oporiam a isso – mas é, primeiramente, uma intelectual, que sabe o preço do pensamento.

Antes de ser uma atitude religiosa face ao que nós podemos apreender da vontade de Deus, o "retiro" ou a "distância" constituem uma atitude profundamente humana, quase elementar. Mas, em Edith Stein, a questão não é somente avaliar suas atualizações, seus recursos, sua força de trabalho (como o general antes da batalha, ou arquiteto antes da construção da torre); a questão é fundamentalmente filosófica. Tudo o que ela aprendeu durante sua formação com seu mestre Husserl, sua própria tese de doutorado de filosofia e seus vários estudos têm constantemente colocado sobre seus olhos a grandeza e as limitações da ação humana. Ela aprendeu com a filosofia que o mais evidente é muitas vezes o menos justificado, o que parece mais "natural" é a letargia da cultura e dos diferentes hábitos, que a relação com o mundo, a intenção de agir do simples olhar sobre as coisas, que tudo isso é, em grande parte, codeterminada por fatores que devem ser identificados, se quisermos encontrar radicalmente o comportamento e a ação. Em filosofia, ela reconhecia toda a importância da "paciência do conceito" e do "retorno" para a reflexão que autorizam, no tempo certo, a ação eficaz e legítima.

Mas isso é ainda e somente da filosofia! Certamente, uma filosofia que traz de volta as ações às suas raízes mais profundas não considera que esta interioridade, ainda que seja da morada interior do Espírito, não é ainda a verdadeira meditação. No entanto, é uma intuição muito fértil. A espiritualidade retirada da experiência de Santa Teresa acelera e radicaliza o movimento filosófico: trata-se verdadeiramente do retorno à interioridade de si, para poder ouvir a voz sutil do Espírito. Assim, a meditação não é uma perda de tempo e um desvio desnecessário: é o caminho mais curto na vontade de Deus. A escuta do Espírito já é o primeiro passo da ação que é fazer aquilo pelo que sou verdadeiramente responsável. Nesse diálogo de amor discreto, em que a criatura se recompõe e no fundo descansa, e em que o Criador lentamente se deixa aproximar, é o lugar onde se enraízam a ação, o apostolado, as obras de misericórdia, as grandes e pequenas coisas, de que o mundo tanto precisa.

Tudo é um, diz Edith Stein, porque tudo é momento de amor: momento em que, pela graça de Deus, a alma é mais disponível, e diríamos a menos "ativa", aqui está talvez o mais eficaz: o instrumento escolhido por Deus, que está apenas expondo seus sinais insubstituíveis. Ela se fortifica – forte como uma rocha –, mas ela vibra de amor e de vida, e ela encontra seu lugar único no concreto ou na edificação do plano divino. Tudo é um, e Deus está perdido para Deus: a íntima unidade com Ele prevalece para o encontro com os irmãos, que são todos os rostos divinos, tantas alegrias ou sofrimentos para compartilhar. A pedra viva não é cautelosa, ela não teme mais nada, porque de Deus ela vai para Deus no amor. De fato, em união com Ele é apenas o amor que conta: a "revelação" ou a "proteção" e até mesmo a unidade vêm como fruto desse amor.

Quem poderá adivinhar aquilo que se tece na história? Quem poderá não ficar impressionado com os acontecimentos tempestuosos, ou as declarações veementes por parte do barulho do mundo? Quem poderá perceber em silêncio, em paz, ou no coração das alegrias e dos sofrimentos oferecidos, este paciente trabalho de Deus? Quem aceitará se deixar converter desse modo: lentamente, calmamente, como uma criança que se deixa alimentar? Quem acreditará no poder doce de Deus, que pode, segundo seu propósito, transformar as pessoas e as coisas, e começar uma nova criação?

Cada momento possui, assim, sua própria cor: há o momento do silêncio e o tempo do louvar; é hora de sorrir, e, em seguida, é hora de gargalhar... Tudo é um, profundamente enraizado no interior, mas completamente ofertado, totalmente dedicado ao exterior... ao mundo, aos irmãos. Esse é o movimento da glória de Deus: trata-se de dar frutos, sempre concretos na vida, incluindo sua dimensão pública e política.

* * *

"O Senhor respondeu: 'Se tivésseis uma fé do tamanho de uma semente de mostarda, poderíeis dizer àquela amoreira: – Arranca-te e vai plantar-te no mar, e ela vos obedeceria'" (Lc 17,6).

Décimo quarto dia

A COMUNIDADE

Ser um com Deus vem primeiro. Mas uma coisa segue imediatamente a isso. Se Cristo é o Cabeça e se somos os membros do Corpo Místico, nós somos um para o outro ou ainda um membro para o outro membro – estamos todos juntos em Deus, na mesma vida divina. E se Deus está em nós e se há amor, podemos amar nossos irmãos. Nesse sentido, nosso amor humano é a medida de nosso amor a Deus.

No entanto, esse amor é diferente do amor natural. Esse amor aborda somente aqueles que estão perto de nós por laços de sangue, afinidade de caráter ou por interesses comuns. Os outros são estranhos, não nos dizem respeito, e sua maneira de ser pode até mesmo nos desencorajar ao ponto de nos manter à distância. Para o cristão, não há estrangeiro; o próximo é sempre aquele que está diante de nós e que mais precisa de nós – seja parente ou não, que achemos simpático ou não, que ele seja ou não moralmente digno de nosso apoio. O amor de Cristo não conhece limites, ele não cessa, ele não rejeita nem feiura nem sujeira. Cristo veio

> para os pecadores, não para os justos. E se o amor vive em nós, nós faremos como ele que vai em busca da ovelha perdida (*La Crèche et la croix*, p. 39-40).

Assistimos, desde o início de seus estudos de psicologia, e depois em suas obras filosóficas e pedagógicas, a Edith Stein levantar a questão do ser e do valor da comunidade humana. Os pensadores antigos da Grécia clássica já consideravam que o homem é um animal social, isto é um ser vivo, que provem da natureza e que é condicionado por ela a viver em grupo, cidade, nação. Mas essa definição bastante clássica é muito limitada, e poder-se-ia dizer que a Boa Nova de Cristo radicaliza essa intuição científica. O ser humano é um ser vivente que se acomoda à comunidade de seus parentes, ao desejo (senão da realidade) da comunidade de seus pais. Além disso, o ser humano é um ser vivente que se encontra no mundo, desamparado e inacabado – prematuro, poderíamos dizer, e ainda é a comunidade de sua família que vai lhe alimentar fisicamente (no sentido próprio do termo) e culturalmente. O ser humano é ontologicamente comprometido com a comunidade. Do ponto de vista da filosofia rigorosa, Edith Stein acredita que a fenomenologia assim como a filosofia moral devem analisar rigorosamente o porquê e como essa socialização está se produzindo em todos os níveis da existência: estas questões são constantemente encontradas em seus escritos, mas cada vez com uma forma nova e com detalhes originais. A partir do problema fenomenológico da empatia até o sentido do corpo místico da Igreja, passando por uma doutrina do Estado, povos e nações, Edith Stein vive em sua carne seu pertencimento à humanidade universal realizada no coração de um povo martirizado. Ela sempre enfatizou o parentesco irredutível entre as vítimas e algozes.

E, de fato, que comunidade incrível é aquela dos seres humanos, porque ela se impõe para além das divisões habituais, e ainda pede reivindicar um parentesco muito grande para o mínimo desejável, para o pequeno, para os necessitados, para os menos próximos... é necessário reconhecer que esta comunidade não vive espontaneamente... Mas, por outro lado, é inegável que este sentimento quase instintivo que nos faz sentir um pouco aquilo que o outro sente, sofre, vive. Mais uma vez, é uma questão de já e de ainda não. Esse amor "natural" pode ser um típico amor de espécies biológicas humanas... Ele mostra o caminho, mas de uma forma ainda limitada: há aqueles que nos dão prazer e outros que são importantes para nós, aqueles que, de uma forma ou de outra, nós precisamos... e depois o outro, os seres humanos também, sem dúvida, porém menos próximos ou totalmente estrangeiros. Mas agora, *para o cristão, não existe estranho*... O pensamento de Edith Stein é consistente: vivo em sua totalidade, realizando em torno de Cristo a comunidade dos escolhidos nos reconhecemos irmãos nas profundezas de nós mesmos, no coração profundo de nossa existência e não totalmente (mas já de qualquer maneira) em preocupações superficiais... Nosso dever e nosso serviço são a compaixão, que nos faz alcançar o outro coração, compreender e conhecer a vida dos outros.

Juntar já é bom, mas é preciso também procurar juntar-se, e procurar a todo custo... não apenas esperar pacientemente, como uma espécie de serviço "de guarda"... Trata-se de ir ao encontro das *ovelhas perdidas*, que estão menos próximas de nós, trata-se de ir procurá-las lá onde elas estão, para que encontrem seu próprio caminho – e não recuperá-las ou devolvê-las ao nosso caminho certo... Pensemos sobre nossa própria experiência e nossa dívida para com aqueles que vieram nos procurar lá onde estávamos... O amor de Cristo não conhece limites: ele se junta a cada um em seu destino e em sua própria vocação. A comunidade que se reforma desse modo não é um clube ou um regimento: a roupa que exige a entrada da refeição do casamento não é um uniforme qualquer, nem mesmo religioso; é sem dúvida, bem mais profundamente, uma disponibilidade necessária – mas já é responsabilidade do outro para sua vida... Minha responsabilidade para mim, o dever que me foi confiado é de ir em direção ao outro de maneira profética: já vivendo aquilo que não vejo, já dando aquilo que eu não possuo ainda: a fraternidade dos seres humanos.

* * *

"Portanto, sedes imitadores de Deus como filhos queridos e vivei no amor, como também Cristo vos amou e se entregou por nós, oferencendo-se a Deus em sacrifício de suave perfume. [...]. Pois outrora éreis trevas, mas agora sois luz no Senhor: 'caminhai como filhos da luz, pois o fruto da luz consiste em toda a espécie de bondade, justiça e verdade" (Ef 5,1-2.8-9).

Décimo quinto dia

A IGREJA-ORAÇÃO

O Senhor que criou todos os seres, o três vezes santo, que acolhe todo o ser, tem afinal o próprio reinado. O quarto mais íntimo da alma humana é a estadia mais valiosa da Trindade, seu trono celestial na terra. [...] No coração trespassado de Jesus, Reino celestial e Terra estão unidos, aqui se encontra para nós a fonte da vida. [...] Este coração bate por nós em uma pequena tenda, onde aguarda misteriosamente escondido, no interior desse lugar imaculado, silencioso. [...] Você vem para mim todas as manhãs como alimento, sua carne e seu sangue se tornam para mim comida e bebida, ele realiza então algo maravilhoso. Seu corpo misteriosamente penetra o meu, e sua alma se une a minha: Eu não sou o que eu era antes ("Je reste avec vous..." in *Le Secret de la croix*, p. 106-107).

No mais íntimo de mim mesmo, o Espírito já me penetrou quando eu o reconheci trabalhando em minha vida. E, portanto, nos fazemos dois, porque ele respeita quem eu sou e eu me dou conta disso, eu amplio o espaço de errar, de abrir meus próprios caminhos, talvez de me enganar e de tropeçar... E, mesmo assim, eu me sinto habitado(a). Uma mulher pode certamente compreender muito melhor do que um homem, e ensiná-lo a sentir-se habitado(a)...

Fala-se às vezes de "templo" ou de "vaso"... É isto e não é absolutamente isto, porque é o vaso espiritual que se transforma em crente por meio da oração, que é profundamente transformada no acolhimento de Deus. É algo extraordinário: apesar de já ser envelhecido é renovado pelo novo vinho. Nada é como antes. Para falar de oração, reencontramos as imagens e os movimentos do amor mais humanos: aproximações, contatos, toques, penetração de um no outro. É Edith Stein que insiste e, com ela, numerosos versos bíblicos... Trata-se de expressar o entrelaçamento de Deus e do homem, imbricamento mais completo ainda que a união metafísica de matéria e forma que permanecem, no fundo, singularmente estrangeiros um para com o outro. Aqui, o mais alto, o maior, o que precede tudo, por um mistério kenótico do amor, é aquele que se faz o mais baixo, o mais profundo, o mais íntimo. Primeiro milagre do amor. Para que isso se realize, é necessário que a alma, que não é espírito puro, suba, cresça, eleve-se... que ela faça o esforço em se doar sob a forma humana, como vimos, para alcançar a vizinhança sagrada do Altíssimo.

Mas como isso acontece? Como podemos acreditar que esse esforço é o simples fruto de sua vontade? Inspirada, atraída, elevada pelo Espírito, que se incorpora nela, faz com que Edith Stein se aproxime da face de Deus. É desse modo que é preciso pedir ao Senhor um segundo milagre, totalmente extraordinário também: aquele momento de intimidade que se prolonga, se estende a cada momento da vida que passa, e a oração continua consagrando assim os momentos, os movimentos, as palavras, ações, paixões... É Jesus quem primeiro prometeu "ficar conosco".

A resposta de alguns a quem essa missão foi confiada era criar "casas" de oração, de louvor, "casas de vida interior, onde as almas, em solidão e silêncio, ficam de pé diante da face de Deus para estar no coração da Igreja, do amor que vivifica tudo" (*La Prière de l'Église*, p. 59).

No fundo, é preciso estar em oração para se aproximar uns dos outros, compreender-se, um ao outro, unir-se e ter entre si a presença daquele que é anunciado e prometido. Nesse sentido, toda comunidade é comunidade de oração. Mas toda oração se faz em comunidade: ao me dirijir a Deus, aos santos, aos meus irmãos, já perto do Senhor, eu realizo comunhão, eu deixo agir em mim o espírito de comunhão, o espírito que faz a Igreja. Esta unidade da Igreja, que eu às vezes tenho dificuldade de perceber, é acima de tudo o milagre do amor em oração, e é também o núcleo da Igreja, que tem como vocação tomar o mundo inteiro em uma explosão sem medidas de amor: a explosão requer um campo de força concentrado.

A meta, no entanto, por mais elevada que seja, nunca está fora de alcance, porque em cada ponto voltado para o além passam as forças que do alto virão ao nosso socorro e aquele que é capaz de realizá-lo não depende de nenhum esforço humano que seria apto de executá-lo.

> Milhões de crianças são atualmente órfãs sem uma pátria, mesmo que elas tenham uma casa ou uma mãe. Elas têm sede de amor e esperam uma mão que as guie, que possam tirá-las da corrupção e da miséria para conduzi-las à pureza e luz. Como nossa Madre Igreja poderia não abrir seus grandes braços para abraçar em seu coração os filhos prediletos do Senhor? (*La Femme et as destinée*, p. 145).

O povo de Deus é o povo constituído por Deus e unicamente por ele: seus limites são aqueles de uma família inspirada pela audácia tanto paterna como materna, audácia do amor em que todos se voltam para o outro, que encontra alegria na felicidade de suas crianças acolhidas, unidas e reconciliadas. Mas a vida dos ramos só se mantém caso esteja conectada na videira e no fluxo da seiva – a realidade vai além da parábola: é aqui que os galhos mortos reencontram a vida de volta na videira, e agora aquele que crê em Jesus faz as obras de Jesus e ainda maior porque Jesus foi para o Pai (cf. Jo 14,12). Na Igreja, no coração dessa videira, cuidada pelo Pai e cuja raiz permanece em Jesus e conectada no Pai, o amor circula. Ao longo da história, os homens, de acordo com o plano do Pai, o amor gradualmente junta tudo na perfeição, isto é, sem dúvida, ele realiza a comunhão de todas as crianças na glória que vem do Pai e na oração que vai para ele.

* * *

"Eu não estou mais no mundo, mas eles estão no mundo e eu vou para vós. Pai Santo, guardai-os em vosso nome, o nome que me destes, para que sejam um como nós. Quando eu estava com eles, eu os conservava em vosso nome que me destes. Nenhum deles se perdeu, a não ser o filho da perdição, para que a Escritura se cumprisse" (Jo 17,11-12).

ÍNDICE

Nota do tradutor 3
Introdução 7
Dados biográficos....................................... 15

1. Entrar na morada interior 21
2. A escolha de Deus 27
3. Estar diante da face do Deus vivo 33
4. A solidariedade com os homens 39
5. Dar forma à sua vida 45
6. Amor em pessoa 51
7. Bondade e verdade 57
8. A ciência da cruz 64
9. Maria, a morada de Deus 71
10. O Espírito de sabedoria 77
11. A Eucaristia 83
12. A epifania que nos é confiada............. 88
13. Vida interior e ações exteriores 94
14. A comunidade..................................... 100
15. A Igreja-oração................................... 105

A marca FSC® é a garantia de que a madeira utilizada na fabricação do papel deste livro provém de florestas que foram gerenciadas de maneira ambientalmente correta, socialmente justa e economicamente viável.

Este livro foi composto com a família tipográfica Times New Roman e impresso em papel offset 75g/m² pela **Gráfica Santuário**.